2o19

Das kleine Havel-Buch

JOHANNES WILKES

DAS KLEINE HAVEL-BUCH

GESCHICHTE, ORTE UND MENSCHEN VON DER QUELLE BIS ZUR MÜNDUNG

VERLAG FRIEDRICH PUSTET

Bibliografische Information der Deutschen Nationalbibliothek
Die Deutsche Nationalbibliothek verzeichnet diese Publikation
in der Deutschen Nationalbibliografie; detaillierte bibliografische Daten
sind im Internet über http://dnb.dnb.de abrufbar.

ISBN 978-3-7917-3029-5
© 2019 by Verlag Friedrich Pustet, Regensburg
Umschlaggestaltung: Martin Veicht, Regensburg
Umschlagmotive: Cover: Alte Mühle von Rathenow (Foto: lcrms /
Shutterstock.com); vordere Klappe innen: Tegeler See (Fotolia / Mario
Hagen); hintere Klappe innen: Flussläufe und -arme der Havel und des Rhin
(http://commons.wikimedia.org, Zeichnug: Ulamm, CC BY-SA 3.0)
Satz: Vollnhals Fotosatz, Neustadt a. d. Donau
Druck und Bindung: Friedrich Pustet, Regensburg
Printed in Germany 2019

Weitere Publikationen aus unserem Programm
finden Sie auf www.verlag-pustet.de
Kontakt und Bestellungen unter verlag@pustet.de

INHALT

Anlauf nehmen statt eines Vorworts 8

1. Flussabschnitt:
Von der Quelle bis Fürstenberg 10
   Ankershagen: Die Quelle 10
   Wie Ankershagen entstand 11
   Heinrich Schliemann – Selbstbiographie 13
   Die Havel, eine Zauberin 18
   Die Havel, ein slawisches Mädchen 20
   Kratzeburg 21
   Wesenberg 25
   Die Teufelskette von Wesenberg 26
   Mecklenburger oder Brandenburger – eine Charakterfrage 28
   Fürstenberg/Havel 28
   Die Eiszeit 30
   Heinrich Schliemann in Fürstenberg 33
   Stella 35
   Wie die Strohbrücke zu ihrem Namen kam 38
   Zehdenick 44
   Das Kloster Zehdenick 44
   Schiffe auf der Havel 46
   Oranienburg 48
   Luise Henriette von Oranien 49
   Der Tod des Prinzen 51
   Friedlieb Ferdinand Runge 53
   Der Gründungsdirektor des Jüdischen Museums 56

2. Flussabschnitt:
Von Oranienburg über Berlin nach Potsdam 58
   Clara Zetkin 58
   Der 27. Februar 1933 63

Berlin: Tegel 65
Alexander von Humboldt 66
Berlin: Spandau 70
Der Spandauer Knüppelkrieg 71
Der Schatz des Priamos 74
An der Kette die Havel entlang 76
Die Schildhornsage 78
Berlin: Steglitz-Zehlendorf 79
Das Grab des Heinrich von Kleist 82
Zwei Schlittschuhfahrer 84
Max Liebermann 87
Von der Erotik der Pfaueninsel 89
Potsdam 93
Schloss Babelsberg 95
Die Glienicker Brücke 97
Mit der Havel in die Freiheit 100

3. Flussabschnitt:
Von Potsdam über Werder und Brandenburg nach Plaue 103
Die Havelschwäne 115
Die Gründung Potsdams 117
Peter Joseph Lenné 120
Werder 126
Die Helden von Werder 128
Brandenburg an der Havel 132
Triglaw und der Marienberg 133
Loriot oder die Badeente auf der Havel 136
Plaue 143
Die Quitzows 144
Porzellan aus Plaue 146

4. Flussabschnitt:
Von Plaue bis zur Mündung 150
Bahnitz 153
Der Rindfleischsegen von Bahnitz 154
Milow 157
Die chinesische Wollhandkrabbe 160
Rathenow 163
Effi Briest 163
Undine 164
Havelberg 172
Rühstädt: Die Mündung 182

Praktische Hinweise 184
Museen und Gedenkstätten 184
Literatur 190
Danksagung 191
Bildnachweis 192

ANLAUF NEHMEN STATT EINES VORWORTS

Ich nehme kurz Anlauf, dann stürze ich mich hinein. Das Wasser ist eiskalt in der Abendkühle, es ist erst Pfingsten. Aber wat mutt, dat mutt! Schnatternd schwimme ich in den See hinaus, mitten hinein in das Quellwasser der Havel. Hier beginnt sie ihren Lauf, in diesem kleinen See in Mecklenburg. Bornsee heißt er. Einen treffenderen Namen hätte man ihm nicht geben können – „Born" bedeutet schließlich nichts anderes als Quelle. Ich stelle mir vor, wie tief unter mir aus geheimen Öffnungen das Havelwasser quillt. Nachschauen könnte ich – wenn ich ein geübter Taucher wäre. Das Wasser ist kristallklar, keine Algen, kein Schlamm. Ich müsste nur recht weit hinunter, über 11 m tief soll er sein, der Quellsee der Havel.

Allmählich wird mir wärmer, ich schwimme ruhiger. Ob ich das Wasser probieren soll? Wie schmeckt die Havel, wenn sie das Licht der Welt erblickt? Eine kleine Verkostung wird schon nicht schaden, so sauber, wie das Wasser hier ist. Ich nehme vorsichtig einen Schluck in den Mund und schmatze wie ein Weinexperte mit einem

Der Quellsee bei Ankershagen

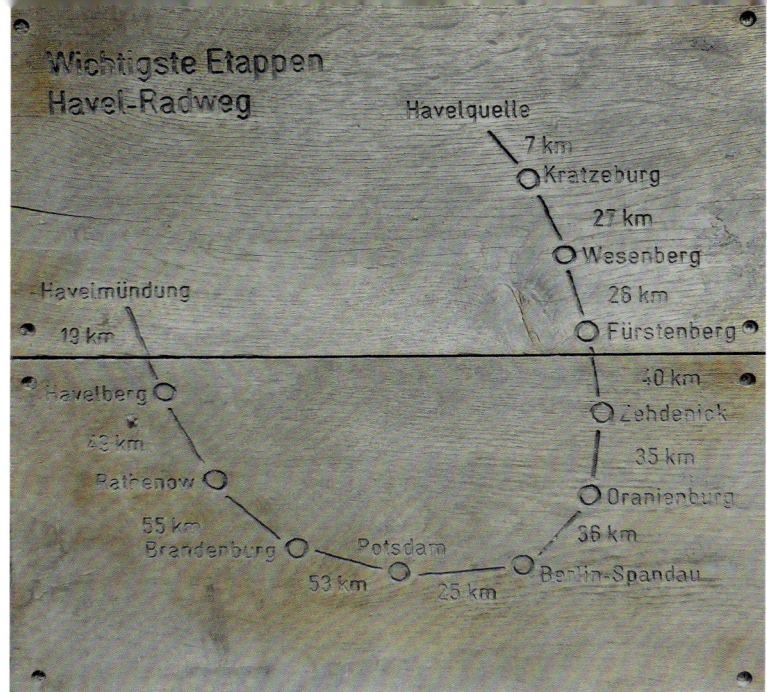

Die Havel – ein Springseil

guten Tropfen Bordeaux auf der Zunge. Die Havel schmeckt sehr frisch und sehr weich und nach nichts außer nach Wasser. Kann es ein schöneres Kompliment geben? Ich spucke – auch hier ganz der Weinexperte – die Kostprobe im hohen Bogen wieder aus. Morgen werde ich dich begleiten, liebes Havelwasser! Über 377 km wird mich der Radweg an deinen Ufern entlangführen.

Ich trockne mich ab und setze mich ans grüne Ufer. Was für eine sanfte Geburt! Während die meisten Flüsse bei ihrem Hervortreten aus dem kühlen, dunklen Erdinneren abrupt vom gleißenden Licht des Tages geblendet werden, darf sich die Havel behutsam auf ihr Erdendasein vorbereiten. Eine Wassergeburt. Auch mancher Mensch erblickt auf diese Weise ja das Licht der Welt, besonders schonend soll das sein. Nachdem ich mir mein wärmendes Sweatshirt übergestreift habe, krame ich die Landkarte aus der Fahrradtasche. Mal sehen, was da so alles vor mir liegt.

1. Flussabschnitt:
VON DER QUELLE BIS FÜRSTENBERG

Ankershagen: Die Quelle

Der Havelradweg ist etwas länger als die Havel selbst, knapp 400 km warten darauf, entdeckt zu werden. Entlang eines Höhenzugs radle ich ins nahe Ankershagen. Am Ortseingang begrüßt mich ein Storch, der auf einem Telegrafenmast brütet. Über einen Radfahrer kann der Zugvogel nur müde klappern – was sind schon schlappe 400 km verglichen mit seiner Reiseleistung? Ich rolle in den kleinen Ort hinein und halte an einem kleinen Gasthof mit dem geheimnisvollen Namen „Silberschälchen".

„Silberschälchen ist der Name unseres kleinen Teiches", verrät mir meine Zimmerwirtin, als sie mir den Zimmerschlüssel aushändigt, „es heißt, in bestimmten Nächten steigt eine Nymphe aus dem Wasser, mit einem silbernen Schälchen in der Hand, das im Mondlicht glänzt." Ich beschließe achtsam zu sein. „Was soll man tun, wenn man der Nymphe begegnet?", frage ich neugierig. Das könne sie mir leider nicht verraten, lacht sie.

Hungrig setze ich mich auf die gut gefüllte Terrasse vor dem Haus. Es geht zu wie im Taubenschlag, das Personal saust hin und her. Eine der Kellnerinnen, eine junge Frau, deren roter Pferdeschwanz herrlich in der Sonne wippt, bringt mir ein schäumendes Weißbier, dankbar nehme ich einen tiefen Schluck. Und bestelle zur Vorspeise einen Strömling. Er schmeckt köstlich. Nur – was ist das?

„Ein Hering vor der Geschlechtsreife", klärt mich die Kellnerin auf, als sie mir mein zweites Weißbier bringt. „Schmeckt der anders?" – „Wie, anders?" – „Ich meine, anders als nach der Geschlechtsreife?" – „Das weiß ich nicht." Man müsste mal einen Hormonexperten fragen. Ich verputze das letzte Stück Strömling. Gibt es Heringe in der Havel?

Blühende Uferlandschaften

Nach dem Abendessen beschließe ich, noch einen Gang durch die Gemeinde zu machen. Die Grundfesten der alten Dorfkirche scheinen überwiegend aus Findlingen zu bestehen. Die Eiszeit hat jede Menge polierter Steine hinterlassen, ein Fundus, aus dem sich auch Ankershagen reich bedient hat. Ich betrete den Kirchhof, drücke die Klinke der Kirchentür hinunter – und staune: Die Tür geht tatsächlich auf. Ich trete ein. Maurerwerkzeug zur Rechten, vor mir im Dämmerlicht ein eigenartiges Kirchenschiff, zwei Längsschiffe, die in der Mitte von solch massiven Pfeilern gestützt werden, dass es keine zentrale Blickachse gibt. Entweder man schaut durch das linke Schiff nach vorne oder durch das rechte. Vor einem uralten Kruzifix hängt ein hölzerner Anker von der Decke. Auf Stoff geschrieben entziffere ich im Dämmerlicht mühsam dessen Geschichte.

Wie Ankershagen entstand

Vor langer Zeit lebte ein Schiffsbauer, der war so arm, dass er oft nicht wusste, wo er das Brot für sich und seine sechs Kinder herbekommen sollte. Da verschrieb er sich in seiner Not dem Teufel, und fortan fehlte es ihm an nichts. Eines Tages aber, als er mit einem neuen Boot aufs Meer hinausfuhr, kam ein gewaltiger Sturm auf, und der Teufel riss ihn mit seinem Boot zu den Wolken hinauf. Kleiner und kleiner wurde die Welt unter ihm, und der Mann fühlte sein letztes Stündchen geschlagen. Da rief er in seiner Angst zum lieben Gott, und eine Stimme sagte ihm, er solle den Anker werfen. Sogleich kam das Boot durch einen Ruck zum Stehen und der Mann kletterte an dem Tau hinab. Dort aber, wo der Anker sich in einem Baum verfangen hatte, ließ man eine Kirche bauen, und der Mann baute sich und seiner Familie daneben ein Haus.

Vom Kirchturm hat man bestimmt eine gute Sicht über das Quellgebiet der Havel. „Betreten auf eigene Gefahr", steht an der Leiter. Wie unser ganzes Leben eben: No risk, no fun. Mühsam steige ich hinauf. Durch schmale Schlitze in den Schalllöchern kann ich das Land überblicken. Eine idyllischer, ein friedlicher Anblick, sanfte Hügelketten, grüne Felder und Wälder, über denen das Abendrot liegt. Ich klettere wieder hinunter, es ist Zeit, schlafen zu gehen. Außerdem will ich die Turmeule nicht länger stören, für die die Ankershagener extra einen Kasten aufgehängt haben.

Ein Zufall? Vielleicht, vielleicht aber auch nicht: In unmittelbarer Quellennähe verbrachten zwei Männer, die bis heute zu den bedeutendsten deutschen Quellenforschern zählen, prägende Jugendjahre. „Ad fontes!", lautet der Ausruf der Humanisten, „Zu den Quellen!", zurück zu den griechischen Vorbildern der Antike, wurde auch zur Devise der beiden jungen Mecklenburger von der Havelquelle. Der eine war der Dichter Johann Heinrich Voß (1751–1826). Im nahen Waren geboren, wirkte er in Ankershagen einige Jahre als Hauslehrer. Er tat sich besonders als Übersetzer Homers hervor. Seine so bildreich übersetzte Odyssee ist bis heute unübertroffen. Dem anderen großen Quellenforscher, der acht Jahre seiner Kindheit nahe der Havelquelle verlebte, haben die Ankershagener ein schönes Museum im alten Elternhaus eingerichtet. In meinem Hotelzimmer greife ich zu seinen Kindheitserinnerungen:

Heinrich Schliemann – Selbstbiographie

„Ich wurde am 6. Januar 1822 in dem Städtchen Neubukow in Mecklenburg-Schwerin geboren, wo mein Vater protestantischer Prediger war, und von wo er im Jahre 1823 in derselben Tätigkeit an die Pfarre von Ankershagen berufen wurde. In diesem Dorfe verbrachte ich die acht folgenden Jahre meines Lebens, und die in meiner Natur begründete Neigung für alles Geheimnisvolle und Wunderbare wurde durch die Wunder, welche jener Ort enthielt, zu einer wahren Leidenschaft entflammt. In unserm Gartenhause sollte der Geist von meines Vaters Vorgänger, dem Pfarrer von Rußdorf ‚umgehen'; und dicht hinter unserem Garten befand sich ein kleiner Teich, das sogenannte ‚Silberschälchen', dem um Mitternacht eine gespenstische Jungfrau, die eine silberne Schale trug, entsteigen sollte. Außerdem hatte das Dorf einen kleinen, von einem Graben umzogenen Hügel aufzuweisen, wahrscheinlich ein Grab aus heidnischer Vorzeit, ein sogenanntes Hünengrab, in dem der Sage nach ein alter Raubritter sein Lieblingskind in einer goldenen Wiege begraben hatte … Mein Glaube an das Vorhandensein aller dieser Schätze war so fest, dass ich jedesmal, wenn ich meinen Vater über seine Geldverlegenheiten klagen hörte, verwundert fragte, weshalb er denn nicht die silberne Schale oder die goldene Wiege ausgraben und sich dadurch reich machen wollte?"

Ankershagens großer Sohn: Heinrich Schliemann

Die Leidenschaft fürs Ausgraben schien dem jungen Heinrich Schliemann (1822–1890) also schon in die Wiege gelegt und erhielt noch kräftig Nahrung, als er zu Weihnachten eine illustrierte „Weltgeschichte für Kinder" geschenkt bekam. Darin fand sich eine Abbildung des brennenden Troja. Der Vater sagte, von Troja sei nichts mehr übriggeblieben, sein siebenjähriger Sohn aber protestierte: „Vater, wenn solche Mauern einmal dagewesen sind, so können sie nicht ganz vernichtet sein, sondern sind wohl unter dem Staub und dem Schutt von Jahrhunderten verborgen."

Durch den Staub und Schutt der Jahrhunderte wühlte sich der Junge knapp 50 Jahre später und legte die Schätze von Troja frei. Die Idee dazu war dem berühmten Archäologen unweit der Havelquelle gekommen. Zufall?

Müde lege ich das Buch zur Seite. Als ich die Augen schließe, stelle ich mir vor, wie sich tief unter mir die Wasser sammeln, um zu den geheimen Quellen der Havel am Boden des Bornsees emporzusteigen, ja, ich stelle mir vor, ich selbst bin einer dieser Wassertropfen, bewege mich durch sich verzweigenden Kanäle zur Oberfläche hinauf, langsam und stetig, und über dieser Vorstellung schlafe ich ein.

Ein neuer Tag. Frisch gestärkt mache ich mich auf den Weg. Im schönsten Morgenlicht glänzt das alte Pfarrhaus, das Schliemann-Museum. Auf der grünen Wiese steht ein riesiges hölzernes Pferd, in dessen Bauch man hineinklettern kann, um am Schweif wieder hinunterzurutschen. Auf ähnliche Weise haben die Griechen die Troja-

Das Trojanische Pferd

Das Heinrich-Schliemann-Museum

ner ausgetrickst. Das Museum öffnet erst in einer halben Stunde, also setze ich mich noch unter die alte Linde im Pfarrgarten und lese weiter in dem Kapitel über die Kindheit Schliemanns.

Berührt werde ich durch die Schilderung seiner ersten großen Liebe. Minna hieß sie, war so alt wie er und lebte als Tochter eines Gutspächters eine Viertelmeile entfernt. Wann immer sie konnten, trafen sie sich, und Heinrich erzählte ihr von den wunderlichen Dingen, die sich in Ankershagen einst ereignet hatten, und von seinem großen Traum, von Troja, der versunkenen Stadt, deren Schätze er einst ausgraben würde. Während ihn die Großen stets verlachten, schaute ihn Minna mit freundlichen Augen an. Sie vertraute ihm voll und ganz, für sie war es selbstverständlich, dass sie eines Tages zusammen nach Troja reisen würden. In kindlicher Einfalt, wie Schliemann schreibt, gelobten sie sich ewige Liebe und Treue. Leuchtend malten sich die beiden ihre Zukunft aus, doch dann zerstörte ein Unglück alles: Heinrichs Mutter starb, und zugleich muss eine peinliche Sache passiert sein, die dazu führte, dass alle Familien den Umgang mit den Schliemanns einstellten. Auch Minnas Familie. Die beiden

Kinder durften sich nicht wiedersehen. „Das war mir tausendmal schmerzlicher als meiner Mutter Tod", erinnert sich Schliemann.

Eine seltsam schöne, eine traurige Geschichte. Niemals lache man über das Verliebtsein eines Kindes – die kindlichen Gefühle können genauso stark sein wie die eines Erwachsenen.

Ich blicke vom Buch auf und kann, geschützt vom grünen Laub, erkennen, wie eine junge Dame ihr Rad neben das meine stellt. Eine Museumsangestellte, wie ich richtig vermute. Wenig später trifft eine zweite Dame ein. „Na, da geht die Sonne auf", begrüßt sie ihre Kollegin. Für mich heißt's: „Rein ins Museum!"

Für einen geringen Obolus erfahre ich viel Interessantes. Unglaublich, wo Schliemann überall gewesen ist und was er dabei ausgegraben hat. Stets ließ er sich von den alten Geschichten Homers leiten, von den griechischen Sagen – was ihm „ernsthafte" Wissenschaftler vorwarfen. Doch Rudolf Virchow verteidigte den Freund: „Es mag sein, dass seine Voraussetzungen zu kühn, ja willkürlich waren, dass das bezaubernde Gemälde der unsterblichen Dichtung seine Phantasie zu sehr bestrickte, aber dieser Fehler des Gemüts, wenn man ihn so nennen darf, enthielt doch auch das Geheimnis seines Erfolgs." Rührend wird berichtet, dass Schliemann den Ort seiner Kindheit nie vergessen hat und als längst berühmter Mann oft hierher zurückkehrte.

Zuletzt werfe ich nochmal einen Blick in das Kinderzimmer, in dem Schliemann als Knabe einst seine Träume träumte, von Troja und von Minna.

Beim Abschied lasse ich mir von den Museumsdamen den Weg zum Teich erklären, aus dem die Nymphe mit dem Silberschälchen aufzusteigen pflegt. Sie entschuldigen sich fast dafür, dass er wieder zu wenig Wasser hat. Der Teich befindet sich gleich hinter der reetgedeckten Scheune im Garten. Ich trete näher an das Schilf heran, kann aber kein Silberschälchen erkennen und erst recht keine Nymphe. Nur einen grünen Frosch sehe ich von einem Seerosenblatt hüpfen. Vielleicht der unerlöste Prinz der schönen Nymphe?

Beim Hinausradeln aus Ankershagen grüßt mich ein Hinweisschild: „Partnerstadt Mykene" – die stolze Stadt in Griechenland, wo

Das Quellbecken der Havel

Schliemann ebenfalls so vieles ausgegraben hat. Entlang einer gewundenen Allee und grüner Felder, auf denen die Gerste wogt, geht es leicht bergab, bis mich nach etwa 2 km ein Wegweiser bremsen lässt: „Zur Havelquelle." – Wie das? Die liegt doch bereits hinter mir, dem Bornsee bin ich doch bereits entstiegen. Dem muss ich nachgehen. Ich biege in den Waldweg ab und komme an eine Lichtung, an deren Rand ein flaches Becken gefasst ist, aus dem es herausquillt. Die Havelquelle? Ich studiere die ausführliche Hinweistafel und erfahre Erstaunliches.

Die Havel, eine Zauberin

Die Havel ist eine Zauberin. Sie schafft, was kaum ein zweiter Fluss schafft: Sie bringt es fertig, zwei Meere gleichzeitig zu wässern, die Nordsee und die Ostsee. Ursprünglich schickte sie ihr Quellwasser über die Elbe Richtung Hamburg zur Nordsee, Mönche des frühen Mittelalters aber veränderten ihren kindlichen Lauf nahe der Quelle. Sie bauten einen Damm im Süden des Mühlensees, nach dem benachbarten Born- und dem Trinnensee der dritte in der Kette der Quellseen. Nun konnte die Havel nicht mehr durch ihr ursprüngliches Bett abfließen und wurde über einen Durchstich in östlicher Richtung abgeleitet, über die Wasserscheide hin zur Ostsee. Die Bauarbeiten der Mönche dienten dem Zweck, eine Mühle anzutreiben, der Name des Sees weist darauf hin. Gerade geboren, musste die Havel schon schwere Arbeit leisten. Ob sie immer so fleißig ist? Ich werde darauf achten. Die Mecklenburger haben einen schönen Kompromiss zwischen den so unterschiedlichen Mündungszielen gefunden: Sie bohrten in den Sperrdamm einen kleinen Durchlass, fassten den Wasseraustritt auf hübsche Weise und gaben ihm den Namen „Havelquelle". So speist die Havel heute Nord- und Ostsee gleichermaßen.

Ein Fischlein könnte, wenn ihm der Nord-Ostsee-Kanal zu unromantisch erscheint oder die dortigen Pötte zu groß, von der Nordsee via Elbe, Havel und Mühlensee über die Tollense und Peene zur Ostsee schwimmen. Gewässer-Bifurkation nennen die Geographen dieses Phänomen. Schon in ihrem Quellgebiet steckt die Havel voller Überraschungen.

Wie alt sie genau ist, wissen wir nicht, wann ihr Name zum ersten Male auftauchte, dafür umso genauer. Karl der Große hatte zum Feldzug gegen die slawischen Wilzen geladen, die sich hartnäckig dem christlichen Glauben widersetzten. Ausgerechnet die Friesen, die alten Dickschädel von der Nordseeküste, die sich doch mit gleicher Vehemenz gegen den neuen Glauben gestemmt und dabei Bonifatius erschlagen hatten, eilten Karl zur Hilfe und benutzten dabei – alte

Wassersportler, die sie waren – den Weg über Elbe und Havel. 789 ist das gewesen, wie ein Dokument uns schriftlich überliefert.

Ich klettere auf den Damm und sehe den Mühlensee in der Morgensonne glitzern. Dann gehe ich zur Havelquelle zurück und gönne meinen Füßen ein Bad. In respektvollem Abstand stehen behauene Steine mit den Namen der Havelorte: Ankershagen, Kratzeburg, Wesenberg, Fürstenberg, Zehdenick, Oranienburg, Berlin, Potsdam, Brandenburg, Rathenow, Havelberg. Vom kleinsten Dorf bis zur Bundeshauptstadt ist alles dabei. Ich spüre die Neugier in mir wachsen: Die Tour verspricht Abwechslung. Nur die auffällige Häufung der „-berg"-Orte macht mich misstrauisch. Steigungen liebe ich nämlich nicht besonders, nicht als Radfahrer zumindest.

Vier fröhliche Schwaben lassen sich von mir an der Havelquelle fotografieren, dann zischen sie mit ihren Mountainbikes weiter durch den Wald. Ich aber nehme brav den offiziellen Havelradweg, der mich zur Straße zurückführt, das blaue Symbol wird mein treuer Reisebegleiter sein. Eine rauschende Ulmenallee spendet Schatten, solch alte Ulmen, wo gibt es die noch? In Pieversdorf ein Hinweis auf einen alten Burgwall. 1000 Jahre v. u. Z. habe hier bereits eine Siedlung bestanden, Funde deuten sowohl auf Ackerbau wie auch auf Viehzucht hin. „V. u. Z."? Ich muss ein Weilchen rätseln. Dann habe ich die Lösung. In Bayern, wo ich zuhause bin, würde man wohl die Formulierung „v. Chr." benutzen.

Der nun folgende Wegabschnitt ist mit einer alten Salzstraße identisch, erfahre ich. Salz, die Währung früherer Zeiten. Bis zum Mittelmeer habe man entlang dieser Straße gehandelt, die Römer seien scharf auf Bernstein gewesen – und auf nordisches Frauenhaar. Mit daraus gebastelten Perücken hätten die vornehmen Römerinnen bei „Brot und Spielen" mächtig Eindruck gemacht. Ich denke an die Kellnerin vom „Silberschälchen". Was hätte man wohl erst für ihren hübschen Rotschopf geboten?

Die Havel scheint ein scheues Flüsschen zu sein. Irgendwo rechts von mir muss sie sich durch Wald und Wiesen winden. Nur dann und wann, wenn sie sich zu einem See erweitert, tritt sie an den Radweg heran, und das tut sie des Öfteren. Wie blaue Perlen an einer silbernen Schnur folgt ein See auf den nächsten: Dambecker See, Röthsee, Käbelicksee ... Die Havel scheint sich einen Spaß daraus zu machen, sich ständig von einem Fluss in einen See und wieder zurück in einem Fluss zu verwandeln. Mecklenburger Seenplatte nennt sich die Gegend ja auch.

Die Havel, ein slawisches Mädchen

Darüber, wie wenig preußische Tugenden die Havel hat, haben wir schon nachgedacht – und wie sollte sie auch, ist sie doch ein slawisches Mädchen. Die Slawen haben ihr auch den Namen gegeben: Habula. Bevor die Deutschen mit geschwungenen Schwertern und dem Kreuz in der Hand das Land eroberten, lebte im Havelgebiet das slawische Volk der Wenden. Viel wissen wir nicht über ihr Leben, entwickelten die Slawen doch erst spät eine Schriftsprache. Sie liebten die mündliche Überlieferung, was sich schon im Wort „Slawe" ausdrückt, was „der Sprechende" bedeutet. Die germanischen Völker waren für die Slawen die „Némec", die „Stummen". Was wir über die frühen Slawen wissen, verdanken wir vorwiegend griechischen und deutschen Quellen. Demnach seien sie ein auffallend friedliebendes und fleißiges Volk gewesen, Tugenden, die durch den von den Slawen bevorzugten Ackerbau befördert worden sein mögen oder umgekehrt, der friedliche, fleißige Charakter hat seinerseits den Ackerbau befördert. Sie waren frühe Demokraten, ursprünglich kannten sie keine Fürsten, die ihren Söhnen die Herrschaft vererbten, keine Stände, keine Hierarchien. Sie lebten in familiären Sippen, die sich zu Stämmen zusammenschlossen, zu Clans, würden wir heute sagen. Nur im Kriegsfall schien man sich einen Anführer gewählt zu haben. Ihre friedliche Wesensart zeigte sich in einem weiteren Detail: Die frühen Slawen haben wie kaum ein zweites Volk die Musik geschätzt, mit anmutigen Liedern und Gesängen bezauberten sie ihre Gäste. Und gastfreundlich sollen sie gewesen sein, mit einem großen Herz für Alte und Kranke, denen ihre besondere Fürsorge galt. Ich denke an die freundliche Aufnahme in Ankershagen zurück – die Gastfreundschaft scheint sich erhalten zu haben.

Kratzeburg

Ich blicke einem Seeadler direkt ins Auge. Ins Glasauge allerdings nur, denn dieses stattliche Exemplar ist nur ausgestopft. Kratzeburg ist erreicht.

„Ein Unfall", erklärt mir der freundliche Nationalpark-Ranger, „und stattlich ist relativ: das hier ist nur ein Jungvogel." Ich bin in der Dorfstraße 31 gelandet, in einem der zahlreichen Müritz-Nationalpark-Informationscentern. „Bei uns nisten noch an die 20 Paare, mehr als irgendwo anders in Deutschland." – „Mit Vögeln kenne ich mich nicht so aus", erkläre ich dem Ranger, „ich würde vermutlich jeden Bussard mit einem Seeadler verwechseln." – „Unmöglich", sagt der Ranger, breitet seine Arme weit aus und fliegt mit stierem Blick durch den Ausstellungsraum, „bei der Thermik heute schrauben sie sich in weiten Kreisen hoch in den Himmel." Er fährt seine Schwingen wieder ein und geht mit mir zum Fenster. Gemeinsam suchen wir den Himmel ab. Doch da ist nichts zu sehen. Umso mehr Flatterwesen schweben an der Decke der Eingangshalle, Fledermäuse in allen Formen und Farben. Gestaltet hat sie eine Künstlerin des Dorfes, erzählt mir der Ranger, im „Flatterhus" könnte ich mehr über die Himmelsmäuse erfahren. Angeboten würden auch nächtliche Exkursionen mit Fledermausdetektoren. Ich danke freundlich, aber ich müsse noch die Havel hinab. „Mit dem Kanu?" – „Geht das auch?" – „Aber ja, sehr beliebt. Man muss nur aufpassen wegen der Sonne, nicht selten kommt es zum Hitzschlag."

Beim Weiterradeln drück ich mir meinen Panamahut fest in die Stirn. auf dem Rad ist ein Hitzschlag sicher auch nicht schöner. 36 Grad sind ange-

Die Dorfkirche von Babke

Fast schon gespenstische Havelsümpfe

kündigt, Tropenwetter. Die Radwegweiser werden um ein Symbol vermehrt. Hier verläuft nun auch der Fernradweg Kopenhagen–Berlin. Willkommen, ihr Dänen! Sie müssen erschöpft ausschauen, denn 454 km sind sie schon unterwegs, wenn sie Kratzeburg erreichen. Dafür sind es nach Berlin nur noch 195 km, in zwei Tagen durchfährt man das Brandenburger Tor. Zunächst aber genießt man die Mecklenburger Seenplatte. Dalmsdorf liegt ebenfalls am Käbelicksee. Ein Glasfußpfad neben einer Glasmanufaktur lädt zum Betreten ein. Ich ignoriere das Schild. Barfuß über Glasscherben – bin ich denn ein Fakir? Glasscherben und Radeln vertragen sich nicht.

Zwischen dem Zotzen- und dem Jäthensee komme ich durch ein Dorf mit einer alten Backsteinkirche. In ihrem offenen Turm hängt nur noch eine Glocke, die zweite fehlt. Abwechslungsreich geht's weiter. Mal durchfahre ich einen duftenden Kiefernwald, mal komme ich an einem Seeufer vorbei, mal quere ich die Havel und schaue den

Kanuten zu, mal taucht ein Jachthafen auf. Alles sehr beschaulich, stille, helle Urlaubsbilder. Selten kommt mir ein Auto entgegen, oft sind es Kanuverleiher mit Bootsgestellen als Anhänger. Die Natur sieht hier noch urtümlich aus, alles strotzt vor Kraft und Vitalität. Nur gelegentlich trübt ein absterbendes Wäldchen den Blick, tote Bäume, die ihre kahlen Äste zum Himmel strecken.

„Man hebt den Grundwasserspiegel wieder", erklärt mir ein sonnengebräunter Mann mit holländischem Akzent das Phänomen. Er ist mit seiner Begleiterin vom Rad gestiegen. „Man will die ursprünglichen Sümpfe wieder entstehen lassen, das vertragen manche Bäume wie die Birken nicht, sie kriegen nasse Füße." Der Mensch ist schon komisch. Da hat er sich über Jahrhunderte bemüht, die Sümpfe auszutrocknen, um Weideland zu schaffen, nun betreibt er den gleichen Aufwand, um die Sümpfe wieder entstehen zu lassen. „Schauen Sie dort!" Der Holländer zeigt in eine andere Richtung. Ein Seeadler! Tatsächlich ein Seeadler! Ein großes Nest hat er sich auf einem Hochspannungsmast gebaut und blickt mit seinem scharfen Profil zu dem toten Wäldchen hinüber. „Kluger Kopf", lacht der Holländer, „ein Nest mit perfektem Stromanschluss."

Bei Zwenzow am Großen Labussee ein Campingplatzsymbol. Doch ich habe Pech, der Campingmeister hält sein Mittagsschläfchen, das Lädchen öffnet erst wieder um drei. Schnell fotografiere ich noch zwei rote Kaugummiautomaten an einer Hauswand. Wo gibt es die Dinger schon noch?

Der nächste Campingplatz ist gleich gegenüber am Useriner See. Doch dort herrscht FKK und ich halte es für übertrieben, mich nackt auszuziehen, um mir eine Flasche Wasser zu kaufen. Also weiter. Im Schatten der Useriner Mühle werde ich fündig. Genau das habe ich gesucht. Ein schattiger Badeplatz mit einem kleinen Kiosk. Der Herr vor mir will eine Portion Pommes. „Mit Majo oder Ketchup?" – „Weder noch." – „Also naksch", lacht die Wirtin. Auch hier FKK?

Ich genieße es, mit meiner frisch erstandenen Wasserflasche in der Hand im kühlen Uferwasser zu plantschen. Jeder scheint an der Seenplatte seinen Lieblingsbadeplatz zu haben, Gedränge kommt keines auf, überall kann man ja ins Wasser springen. Der Weg führte mich nun durch blühende Felder – jede Menge Kornblumen und roter Mohn. Eines glüht so intensiv, dass man sich fragt: Ist das hier ein Kornfeld, in dem zu viele Mohnblumen wachsen, oder wird hier Mohn angebaut, der von Korn durchsetzt ist? Der Mohn ist eine der wenigen Blumen, die im Gegenlicht noch schöner wirken, zart und flirrend transparent, schöner als ein sonnendurchglühtes Kirchenfenster. Bei der Querung einer einspurigen Bahnstrecke der Hinweis auf einen Abzweig nach Neustrelitz. In der barocken Residenzstadt hatte Heinrich Schliemann einst die Schulbank gedrückt, fern von seiner Minna. Der Havelradwegweiser aber lenkt mein Stahlpferdchen scharf nach Südwesten und ich tauche in einen ausgedehnten Kiefernwald ein. „An den Havelbergen" steht auf einer Stichstraße. – Berge? Sind damit etwa die kleinen Sandbuckel gemeint? Ich hege langsam den Verdacht, immer wenn die Ebene in Mecklenburg versehentlich eine kleine Falte bildet, ruft man einen neuen Berg aus. Beim Anblick dieser Hügelchen jedenfalls würden einem Oberbayern die Tränen in die Augen treten.

„Havelberge" heißt auch der Campingplatz am Woblitzsee, dem ich einen Besuch abstatte. Ein Mann steckt gerade eine neue Zahl unter das Schild „Waldbrandgefahr". Es ist die Ziffer 2. Ich halte neben einem Mann, der gerade seine Angeln sortiert. Wir kommen ins Gespräch. Das, was mir der Angler erzählt, ist kaum zu glauben. Schildkröten bei uns in Deutschland? Sumpfschildkröten noch dazu? Doch der Mann sieht nicht so aus, als würde er an einem Übermaß an Fantasie leiden. Hier hätten immer schon Schildkröten gelebt. Ich hätte mal vor 30 Jahren kommen sollen, da sei man an manchen Tagen fast darüber gestolpert. Einen Kilometer weit würden die Schildkröten in den Wald hineinlaufen, um dort auf einer sandigen Lichtung ihre Eier abzulegen. Dann geht's gleich wieder zurück ins Wasser, ihr eigentliches Lebenselement. Ein putziger Anblick sei es jedes Mal, wenn die Kleinen schlüpfen und in wilder Flucht zum See wackeln. Was er bis heute nicht begreife, sei, woher sie den Weg dorthin wüssten. Es sei ja keiner da, den sie fragen könnten. Sein Urgroßvater hätte mit den Schildkröten noch hübsche Geschäfte machen können: Die Berliner wären scharf auf die großen Panzer gewesen. Keine Kaminschaufel sei eleganter. – Ich gucke etwas indigniert. Das macht man doch nicht! Der Angler grinst mich an: „Keine Sorge! Stehen heute alle streng unter Naturschutz!"

Muss ich jetzt vorsichtiger radeln, um keine Sumpfschildkröte plattzufahren? Die Frage erledigt sich bald von selbst, ich rolle in ein Städtchen ein.

Wesenberg

Über Kopfsteinpflaster, dem man in Havelorten sehr die Treue hält, werde ich zum Marktplatz gerüttelt, wo ich mich auf die Terrasse eines Restaurants setze. In den Schatten natürlich. Vor mir, in des Platzes Mitte, grünt ein Ensemble aus acht Bäumen, eine Kastanie im Zentrum, kreisförmig von sieben Linden umgeben. Die Kastanie steht für einen ehemaligen Bürgermeister, die Linden für die damaligen Gemeinderäte, erfahre ich. Keine schlechte Idee. Wenn sich alle deutschen Stadträte auf diese Weise verewigen würden, hätten wir bald lauter grüne Innenstädte. Erfrischt mache ich einen Bummel durch den Ort. Um in die gotische Marienkirche zu gelangen, muss ich unter der gewaltigen Krone einer alten Linde hindurch, welche den Eingang zur Kirche zu bewachen scheint. 600 Jahre alt soll sie sein – gut möglich. Was für ein mächtiger Stamm! 100 Jahre älter noch ist die Marienkirche, deren wunderbar kühlen Innenraum ich jetzt betrete. Stolz berichtet eine handgeschriebene Tafel, das gewölbte Kirchenschiff sei das einzige seiner Art weit und breit. Und tatsächlich, besonders das Netzgewölbe ist überaus gelungen. Keine passendere Gewölbeform scheint es zudem für eine Fischergemeinde zu geben. Nicht versäumen solle man überdies, sich die Teufelskette anzusehen, steht auf einer Hinweistafel. Nach einer kleinen Suche werde ich fündig: An der Innenseite einer weiteren Kirchentür hängt ein verrostetes Etwas, ein verknotetes Teil, bestehend aus miteinander verknüpften eisernen Kettengliedern. Dazu gibt es eine Legende.

Die Teufelskette von Wesenberg

Die Mariengemeinde von Wesenberg wollte in unsicheren Zeiten die Kirche schützen und bestellte beim Schmied eine Kette zum Verschließen der Tür. Mit dem gelieferten Exemplar aber waren sie nicht einverstanden und forderten ein besseres. Unwillig machte sich der Schmied ein zweites Mal an die Arbeit, wieder aber gefiel den Wesenbergern die Kette nicht, worauf ihnen der Schmied die Kette vor die Füße warf und rief: „So mag de Düwel jug 'ne Ked' maken!" – „So mag der Teufel euch eine Kette machen!" Und am nächsten Morgen hing wie von Geisterhand diese Kette hier an der Tür.

Die Teufelskette von Wesenberg

Auch eine richtige Burg kann man in Wesenberg bestaunen, ihre Reste zumindest, welche aus der Burgmauer und dem Fangelturm bestehen. Im Inneren kann man ein Museum mit vielseitigen Ausstellungen bewundern, außerdem mechanisches Spielzeug in der Villa Pusteblume. Den Fangelturm kann man besteigen, von ihm soll man einen wunderbaren Blick über den Woblitzsee haben, der von der Havel durchflossen wird. Ich aber verzichte auf die zusätzliche Anstrengung, auch auf einen Abstecher zum internationalen Skulpturenpark, und begnüge mich damit, einen abgenagten Baumstumpf im Burghof zu betrachten, den ein Biber tailliert haben soll. Biber gibt es an der Havel wieder jede Menge, man kommt nicht drum herum, ihnen einen gewissen Respekt zu zollen. Mit den Zähnen solch mächtige Bäume durchzu-

Innenansicht der Wesenberger Marienkirche

nagen, nicht schlecht. Schwieriger vielleicht noch, im rechten Moment beiseite zu watscheln, wenn der Baum umstürzt. Ein Biber muss eine Menge von Physik verstehen, sonst wäre er längst ausgestorben. Tod durch Zerquetschung.

Ist es die Mittagshitze? Vielleicht schon ein beginnender Sonnenstich? Nachdem ich Neu Drosedow, Seewalde und Neu Canow und dabei den Peetsch-, den Gobenow- und den Klenzsee passiert habe, muss ich in einem ausgedehnten Waldstück ein Hinweisschild übersehen haben. (Bitte unbedingt dem Hinweis Drosedow ohne „Neu" folgen!) Ich verfahre mich heillos, gerate in immer unwegsameres Gelände, lande schließlich an einem einsamen Seeufer, wo ich eine in der Hitze dösende Großfamilie erschrecke, und muss schließlich umkehren, weil kein Weg mehr zu sehen ist. Der Umweg hat mich bestimmt vier zusätzliche Kilometer gekostet und das letzte bisschen Kraft. Zumindest bin ich glücklich wieder auf dem Havelradweg gelandet. Der Weg ist das Ziel? Dieser Spruch verliert jenseits der 30 Grad seine Berechtigung. Dummerweise kommen ausgerechnet jetzt ein paar Berge, die diesen Namen auch verdienen. Der Buchseeberg schafft es auf immerhin 90 m und auch der Recksberg ist mit 65 m schon fast ein mecklenburgischer Mount Everest. Mir geht langsam die Puste aus. Jede neue Wegmarkierung befrage ich sehnsüchtig: Wie weit noch nach Fürstenberg? Dort wartet eine schattige Pension auf mich, ein Bett und eine Dusche.

Die Hitze wird immer drückender. Vor Strasen sehe ich schon Lamas auf einer Wiese grasen. Klarer Fall einer Fata Morgana – Lamas an der Havel! Und auch ein Schild im Ort bestätigt, dass mich Halluzinationen beschleichen: „Weihnachtsmann mit Rentier zu mieten." Im Juni, bei gefühlten 40 Grad! Fürstenberg, wo bist du? (Die Besitzer sind übrigens mittlerweile mit ihren Tieren ins kühlere Finnland ausgewandert und die Lamas waren wohl tatsächlich Alpakas.) Bei Großmenow passiere ich immerhin schon mal die Landesgrenze. Ade Mecklenburg, hallo Brandenburg!

Mecklenburger oder Brandenburger – eine Charakterfrage

Was unterscheidet die Mecklenburger von den Brandenburgern? Wir wollen Theodor Fontane befragen, den großen Märker und Menschenkenner. Aus der Kur im fränkischen Bad Kissingen schrieb er am 13. Juni 1891 an seine Tochter Mete, die sich in Pommern aufhielt: „Die Mecklenburger haben vor dem Märker mehr Wohlhabenheit und breites Behagen voraus, alle Pfennigfuchserei fehlt. Aber sie sind trotz ihrer besseren Lebenslage ledern und philiströs ..."

Ich widerspreche Fontane nur ungern, aber keiner der Menschen, die mir in Mecklenburg begegneten, kam mir vor wie ein verlederter Philister. Vielleicht haben sich diese Eigenschaften seit jenen Zeiten ausgemendelt.

Fürstenberg/Havel

Noch einmal geht's über die Havel, bei Steinförde, dann an der Steinhavelmühle vorbei und schließlich taucht das ersehnte Ortseingangsschild von Fürstenberg auf. Uff, geschafft! „Wasserstadt Fürstenberg" steht auf dem Ortsschild, das klingt erfrischend sympathisch. Und sympathisch erfrischend. Fürstenberg liegt gleich an drei Seen, dem

Das schmucke Fürstenberg an der Havel

Röblin-, dem Baalen- und dem Schwedtsee, alle drei werden von der Havel gewässert. Ermattet rolle ich durch das Tor der „Villa Ingeborg" und schleppe mich die Eingangstreppe hinauf. Ich staune. Hochherrschaftliches Gebäude, hier wohnte sicher mal ein Industrieller. Oder ein Künstler, der von einem Industriellen gesponsert wurde. Oder einfach nur Ingeborg aus Fürstenberg. Wer weiß das schon? Um im Hausprospekt zu blättern, der auf dem Schreibtisch liegt, bin ich einfach zu kaputt.

„Ein Radler, bitte!" Ich sitze im Restaurant am Jachthafen, vor mir, von der Abendsonne zum Glänzen gebracht, der Schwedtsee, auf dem träge die Jachten an ihren Leinen dümpeln. Bei der Fahrt durch Fürstenberg konnte ich noch einen Blick in die Stadtkirche werfen, die ein Schinkel-Schüler entworfen hat. Augenschmeichelnder gelber Backstein, der Turm schmal wie ein Minarett. Innen byzantinisch anmutender Rundbogenstil mit klassisch-antiken Anleihen. Nach dem großen Stadtbrand 1807 hatte man Friedrich Wilhelm Buttel eine neue Kirche bauen lassen. Die jüngere Kanzel hat die Form eines Schiffsbugs. Links vorne, am Stand mit den Schriften, erinnert die Gemeinde an die Gräuel im nahen Frauen-KZ Ravensbrück. Auf fotokopierten Zetteln liegt ein Gebet aus, das im KZ entstanden ist. Schon die ersten Zeilen sind erfüllt vom Geist der Versöhnung: „Friede den Menschen, die bösen Willens sind, und ein Ende aller Rache und allen Reden über Strafe und Züchtigung ..." Die Christen von Fürstenberg bitten dafür um Verzeihung, nichts gegen das Unrecht und die Grausamkeiten unternommen zu haben. Respekt für diese Offenheit.

Auf dem weiten Platz vor der Kirche steht ein modernes Kunstwerk, eine Plastik, welche die Gewalten der Eiszeit darstellt. Da schieben Gletschermassen Steine vor sich her, da quillt eiskaltes Wasser durch das Tal, füllt es mit Sedimenten.

Die Eiszeit

Viele Jahrtausende ist es her, da schoben sich von Skandinavien her gewaltige Gletscher bis in den Norden Deutschlands. In mehreren Anläufen wälzten sich die kilometerdicken eisigen Panzer über das Land, so lange, bis es ihnen schließlich zu warm wurde und sie zu schwitzen begannen. Das Eis schmolz und gab das Land wieder frei. Wie sehr aber hatte sich die Landschaft verändert! Neue Hügelketten hatten sich gebildet, überall dort, wo die gewaltigen Gletscher ins Land gezüngelt waren, hatten sie Endmoränen hinterlassen, zahlreiche Toteisbecken auch, die erst nach Hunderten von Jahren schmolzen und sich in Seen verwandelten. Auch die Quellseen der Havel sind Relikte der letzten Eiszeit, ihre Wasser schicken sie eifrig zu Tale, sie bilden das mäandernde Flussbett, dem der Havelradweg folgt. Alle die nach Süden gesandten Flüsse aber werden von dem Urstromtal aufgenommen, das noch vor mir liegt und in dem sich die ehemaligen Schmelzflüsse sammeln und parallel zum letzten Gletschersaum zum Meer fließen.

Urstromtal, Endmoränen, Toteisbecken. Mächtige, geheimnisvolle Worte voller Poesie. Als Schüler wurde ich bisweilen von der Vorstellung geplagt, in einer Zwischeneiszeit zu leben. Nicht mehr lange, und die nächsten Gletscher würden sich wieder über Deutschland herma-

Die Stadtkirche von Fürstenberg an der Havel

chen. Unser Erdkundelehrer besaß schauspielerisches Talent und malte das Gruselszenario in den düstersten Farben aus: „Hamburg, Lübeck, Rostock: wird alles wegradiert!" Mit dicker Kreide schraffierte er Norddeutschland weiß, immer tiefer hinab, bis dicht an Dortmund heran, unsere Heimatstadt. Dann hielt er plötzlich inne und verzierte Westfalen mit einem dicken Fragezeichen. Unglücklich malte ich mir aus, wie auch mein geliebtes Westfalenstadion von Eismassen verschüttet wird. Wo soll der BVB denn dann spielen? Ängste eines Schülers in den 60ern des letzten Jahrtausends. Jetzt heißt es plötzlich: Pustekuchen, nichts mit Eiszeit, wir gehen einer verstärkten Wärmeperiode entgegen, selbst die letzten Gletscher werden bald verschwunden sein, und wenn sich uns etwas nähert, dann sind es die Meere, die über die Ufer treten. Auch keine angenehme Vorstellung.

Es ist noch hell, als ich an der Villa ankomme. Die Juninächte sind lang hier, im Norden der Republik. Im Garten stehen einladend ein paar leere Tische, angekettet, aber mir wird erlaubt, einen loszumachen – unter der Bedingung, ihn wieder anzuschließen, wenn ich ins Bett gehe. An den Tisch gegenüber setzt sich noch ein Pärchen. Wie alt mögen die beiden sein? Vielleicht Ende dreißig? Die beiden wissen etwas zur Geschichte der Villa zu erzählen. Nach dem Krieg seien bis zu 30.000 Russen in Fürstenberg stationiert gewesen, einen ganzen Stadtteil hätten sie okkupiert. In der Villa hätten die Kommandanten gehaust, es habe unglaubliche Mühe gekostet, alles wieder in Schuss zu bringen. In den Kellern seien sogar Gefängniszellen eingebaut gewesen. Eine schwäbische Familie habe sich lange mit dem Denkmalschutz herumschlagen müssen, nun aber sei alles wieder tipp-topp. Das kann ich bestätigen. Die Mühen haben sich wirklich gelohnt, ein schönes Haus.

Am Horizont zuckt es hell, Wind kommt auf. Ein Hitzegewitter scheint sich zu nähern. Wir wünschen uns eine gute Nacht. Ich kette brav den Tisch wieder an, dann geht's ab ins Bett.

Nach dem Frühstück führt mich der Weg nochmals durch Fürstenberg. Ich kreuze die Havel und schaue zu, wie sich eine Schleuse öffnet und einen Kahn ausspuckt. Am Brückenhaus prangt leuchtend ein großes Plakat: „B96 raus, Gäste willkommen!" In kleineren Lettern darunter: „wenn es kein Verkehrsminister ist!" Plötzlich muss ich bremsen. An einem Haus habe ich eine Gedenktafel entdeckt: „In diesem Haus lebte von 1836–1841 als Kaufmannslehrling der Altertumsforscher Heinrich Schliemann, Begründer der modernen Archäologie." Die Tafel trägt oben und unten ein griechisches Bandmuster.

Heinrich Schliemann in Fürstenberg

Auf dem Gymnasium in Neustrelitz durfte der begabte Junge nur drei Monate bleiben, der Vater war in finanzielle Sorgen geraten, an ein späteres Studium war nicht zu denken. So musste Heinrich auf die Realschule wechseln und kam mit 14 Jahren nach Fürstenberg zu einem kleinen Kaufmann in die Lehre. Es muss ein rechter Tante-Emma-Laden gewesen sein, Heinrich war Mädchen für alles, dennoch ging er, der doch ganz andere Lebenspläne hatte, mit Schwung und lachendem Herzen an die Arbeit. Wie das? Schliemann gibt uns in seiner Autobiographie Auskunft. Am Karfreitag 1836, kurz vor dem Wechsel nach Fürstenberg, hatte der Schüler das Haus des Hofmusikus Laue besucht, als er völlig unerwartet seiner Minna gegenüberstand! *„Sie war gerade 14 Jahre alt, und, seitdem ich sie zuletzt gesehen, sehr gewachsen …. Als wir einander in die Augen sahen, brachen wir beide in einen Strom von Tränen aus und fielen, keines Wortes mächtig, einander in die Arme. Mehrmals versuchten wir zu sprechen, aber unsere Aufregung war zu groß, wir konnten kein Wort hervorbringen. Bald jedoch traten ihre Eltern in das Zimmer, und so mussten wir uns trennen … Jetzt war ich mir sicher, dass Minna mich noch liebte, und dieser Gedanke feuerte meinen Ehrgeiz an: von jenem Augenblick fühlte ich eine grenzenlose Energie und das feste Vertrauen in mir, dass ich durch unermüdlichen Eifer in der Welt vorwärtskommen und mich Minna würdig zeigen werde."*

Liebe im 19. Jh., romantisch und zielstrebig zugleich. Ob es so etwas heute auch noch gibt? Verändert hat sich auch das Haus des alten Krämerladens. Links wirbt ein Sonnenstudio um blasse Kunden,

Gedenken an die Opfer des KZ Ravensbrück

rechts ein Blumenladen mit der seltsamen Inschrift: „Werkstücke aus floralem Material." – Damit kann doch wohl nur ein Blumenstrauß gemeint sein. Warum einfach, wenn's auch kompliziert geht?

Ich kreuze einen zweiten Havelarm. „Schulhavel", steht auf einem Schild. Ein seltsamer Name. Vielleicht befand sich einmal die Schule an diesem Ufer. Am Jachthafen vorbei geht's nach rechts den Schwedtsee entlang. Eine Gruppe magerer Gestalten stellt sich mir in den Weg, drei ausgezehrte, ausgemergelte Frauen, eine mit Kleinkind am Rockzipfel, die eine Bahre tragen. Darauf liegt ein Kind. Schilder weisen auf eine Gedenkstätte hin, das KZ Ravensbrück. Es liegt direkt am Schwedtsee, unmittelbar an der Havel. Um die frühe Uhrzeit ist noch niemand hier, ich quere einen kahlen, unwirtlichen Platz, der von einer hohen Mauer begrenzt ist. Seitlich ein niedriges Gebäude mit hohem Kamin, das Krematorium, man kann die Verbrennungsöfen noch sehen. Im Gitter stecken Blumen und eine kleine polnische Fahne, auch eine große Kette von gefalteten Friedensvögeln ist zu sehen. Auf der Erde kniet ein kleiner Gipsengel, daneben ein kleines Holzkreuz. Trauerzeichen, Hoffnungszeichen. Man hat die Toten nicht vergessen. In der modernen Gedenkstätte, dem Memorial, hängt eine Reihe von Fotos, schwarz-weiß, Gesichter und Geschichten aus Ravensbrück. Eine davon ist die Geschichte Stellas.

Stella

Stella wurde am 29. Juli 1939 in Antwerpen geboren, wohin ihre Eltern, spanische Juden, geflüchtet waren, weil in ihrer Heimat ein schrecklicher Bürgerkrieg tobte, Francos grausame Truppen. Die junge Familie glaubte sich in ihrer neuen Heimat sicher, wollte dort ein neues Leben beginnen. Doch bald schon holte ein neuer Krieg sie ein. Als Stella kaum ein Jahr alt war, marschierte die deutsche Wehrmacht in Belgien ein. Eine der ersten Aktionen der Nazis war es, die jüdischen Bürger der Stadt aufzuspüren und zu inhaftieren. Die junge Familie wurde gewarnt, ihr gelang die Flucht nach Ostende, wo sie sich versteckte. Kurz nach ihrem zweiten Geburtstag sagte der Vater zu seiner Tochter: „Denk daran, wenn irgendetwas passiert: du heißt Stella!" Kurz darauf kamen uniformierte Männer und nahmen den Vater mit, man warf ihm Sabotage vor. Die Mutter nahmen die Hitlerschergen ebenfalls fest, zusammen mit ihrer kleinen Tochter. Dann ging es mit einem Gefangenentransport auf eine lange Reise Richtung Osten, nach Deutschland, in das KZ Ravensbrück am Schwedtsee. Die Aufseherinnen wiesen den Neuankömmlingen einen Platz in einer der Baracken zu und gaben ihnen Anstaltskleidung. Dann schnitten sie Stella ihr schönes langes Haar ab und übergossen ihren Kopf mit einer stinkenden Flüssigkeit.

Ihre Mutter erkrankte schwer, wurde in eine Krankenbaracke verlegt, zweimal ließ man ihre kleine Tochter noch zu ihr, dann starb sie. Als das Mädchen nach der Mama fragte, sagte eine Frau ganz offen: „Stella, deine Mutter haben sie verbrannt." Das kleine Mädchen nahm diese Worte ruhig hin, sie verstand sie nicht, begriff nicht ihre Bedeutung. Zum Glück kümmerten sich die anderen Frauen um das Waisenkind, versuchten, ihm, so gut es ging, die tote Mutter zu ersetzen, obwohl es ihnen selbst oft schlimm erging. Das KZ in dem kleinen Dorf war auf Anordnung Himmlers als reines Frauenlager errichtet worden, es sollte das größte Frauen-KZ im Deutschen Reich werden. Die Häftlinge mussten schwere Arbeit für die Kriegswirtschaft verrichten, viele kamen dabei ums Leben, andere wurden erschossen, wieder andere, besonders die Jüdinnen, nach Auschwitz transportiert.

Stella überlebte das Lager. Als die Rote Armee Deutschlands Osten eroberte, begleitete eine kinderliebe Russin eine Karre voller Lagerkinder durch das zerstörte Polen hindurch nach Russland. In Briansk gab die Russin die Kinder in ein Heim, verabschiedete sich und machte sich auf die Suche nach den eigenen Kindern. Zehn Jahre sollte Stella dort bleiben.

Neujahrsfest im Kinderheim. Die Stube hatte man mit einem Weihnachtsbaum festlich geschmückt und im Ofen viele Holzscheite angezündet, so dass die Flammen prasselten. Stella starrte wie gebannt ins Feuer. Plötzlich tauchte eine lange verdrängte Erinnerung in ihr auf, plötzlich erinnerte sie sich an die Worte der Frau im KZ: „Stella, deine Mutter haben sie verbrannt!" All die Jahre hatte sich das kleine Mädchen nichts darunter vorstellen können, nun begriff sie mit einem Schlag, was das hieß. Vor Entsetzen begann sie panisch zu schreien. Nie wieder würde sie diesen Tag vergessen können.

Ich blicke über den Schwedtsee. Heiter spiegelt sich der Turm der Fürstenberger Stadtkirche in den Wellen. Auch den Jachthafen mit dem Restaurant kann ich erkennen. Zwischen verstreuten Kiefern in unmittelbarer Nähe zum KZ ist eine weitläufige Jugendbegegnungsstätte entstanden. Der Radweg führt jetzt parallel zu einem befestigten Wirtschaftsweg. Ein Schild weist darauf hin, dass sich hier ein weiteres KZ befunden hat, das Jugend-KZ für Mädchen und junge Frauen, das spätere Vernichtungslager Uckermark. Unter anderem hat man hier Mädchen interniert, die sich mit Kriegsgefangenen eingelassen haben, mit ausländischen Zwangsarbeitern, die in der Landwirtschaft eingesetzt worden waren.

Parallel zu meinem Weg, nicht weit entfernt, führt die ehemalige Bahnstrecke nach Templin. Wer Lust hat, kann heute über diese Trasse radeln und den Kindheitsort von Angela Merkel besuchen, allerdings nicht mit seinem Rad, sondern mit einer Draisine. Eine Weile geht es nun durch angenehm schattige Wälder. Als diese wieder zurücktreten, führt eine Allee mitten hinein in einen kleinen Ort mit dem hübschen Namen Himmelpfort. Die Sage erzählt, als Mark-

Klosterruine Himmelpfort

graf Albrecht III. vor seinen Feinden habe fliehen müssen, sei er von der Jungfrau Maria gerettet worden, worauf er dankbar gerufen habe: „Dies ist die Pforte des Himmels!"

Vom Kloster ist nicht mehr viel zu sehen, an der kleinen Kirche, die nur noch aus dem umbauten Chor besteht, hängt ein selbstgebasteltes Schild: „Kirche offen". Viel offener aber ist die Verlängerung der Kirche, das alte Kirchenschiff, hell scheint das Sonnenlicht durch das fehlende Dach herein. Ich setze mich in eine schattige Ecke und ziehe Schliemanns Autobiographie aus der Tasche. Wie ist es mit ihm und Minna weitergegangen?

Nachdem er Fürstenberg aus gesundheitlichen Gründen verlassen musste, heuerte er in Hamburg an, geriet aber schon vor der Küste

Hollands in Seenot. Durch großes Glück überlebte er und wurde beruflich in St. Petersburg erfolgreich. Mit 24 Jahren hielt er brieflich um Minnas Hand an. Endlich war sein Glück gekommen! *„Wie groß aber war mein Entsetzen, als ich nach einem Monat die betrübende Antwort erhielt, dass sie vor wenigen Tagen eine andere Ehe geschlossen habe ... ich fühlte mich vollständig unfähig zu irgendwelcher Beschäftigung und lag krank darnieder. Unaufhörlich rief ich mir alles, was sich zwischen Minna und mir in unserer ersten Kindheit begeben hatte, ins Gedächtnis zurück, alle unsere süßen Träume ..."*

Ich klappe das Buch wieder zu. Troja gefunden, aber nicht das Liebesglück mit seiner Minna. Ob es ihm andersherum lieber gewesen wäre? Zwei junge Radlerinnen, die sich neben mich in den Schatten gesetzt haben und ihre Brotzeit auspacken, Studentinnen vielleicht, fragen, welchen Reiseführer ich da in den Händen halte. Ich schüttele den Kopf und erzähle von Schliemann und seiner unglücklichen Liebesgeschichte. Die beiden haben wenig Verständnis für den Kummer des Archäologen. Hätte er seiner Minna zwischendurch halt einmal geschrieben. Welches Mädchen wartet denn daheim auf dem Sofa jahrelang auf ein Lebens- und Liebeszeichen? Da hat sie eben einen anderen genommen. – So herrlich nüchtern sieht's die Jugend.

Auch in einem Kloster können sich übrigens amouröse Geschichten abspielen. Eine von ihnen hat der Himmelpforter Brücke ihren Namen gegeben.

Wie die Strohbrücke zu ihrem Namen kam

Ein junger Mönch vom Kloster Himmelpfort hatte im nahen Lychen ein Liebchen, das er zu sich ins Kloster holen wollte. So gerne würden sie zusammenleben, wie aber sollte er sie unbemerkt in seine Zelle bringen? Da ersann er eine List. Er besorgte sich ein Bündel Stroh, packte sein Mädchen darin ein und nahm sie Huckepack. So zog er den Weg von Lychen nach Himmelpfort, als ihm der Abt begegnete. „Was trägst du da, mein Sohn?" – „Ach nur eine Schütte Stroh, hochwürdiger Vater." – „Ich sehe wohl, mein Sohn, sie wird dir zu schwer, lass mich die Last tragen" – „O nein, hochwürdiger Vater, das würde sich nicht schicken!" – „O doch, mein Sohn, wir sind doch alle Brüder und es steht geschrieben: Einer trage des anderen Last!" Was sollte der Mönch tun? Verängstigt blieb ihm nichts anders übrig, er ließ das Bündel zur Erde gleiten, damit es der Abt aufnehmen konnte. Wie aber die Füßchen Boden spürten, lief das Bündel davon so schnell es konnte, hinüber über die Brücke, zurück nach Lychen. Der erschrockene Abt schlug ein Kreuz und rief: „Weiche Satan!" Die Brücke aber heißt bis zum heutigen Tag Strohbrücke.

Ich bewundere noch den niedrigsten Glockenturm Brandenburgs, dessen schwingende Glocken einen Maulwurfshügel zum Einsturz bringen könnten. Neben dem Eingang zum Kloster, gegenüber der alten Klosterbrauerei, die 2010 einer Brandstiftung zum Opfer gefallen ist, grüßt ein geschnitztes Weihnachtswesen. Hier befindet sich das Weihnachtspostamt von Himmelpfort, in einen großen Kasten kann man seine Briefe ans Christkind werfen. Ich luge durch den Schlitz und muss lachen. Da hat doch tatsächlich schon jemand seine Wünsche eingeworfen! Im Juni! Ein halbes Jahr vor dem Fest. Da weiß einer, was er will.

Pfeilgrad geht es weiter Richtung Süden, ein Mischwald umfängt mich und begleitet mich bis nach Bredereiche. Die dortige Holzkirche besitzt einen mächtigen Turm. Im Seitenschiff hängt ein Segelschiff. Von ihm ist nur noch die Segelspitze zu sehen, über und über hat man es mit bunten, aufwändig bestickten Bändern

Weihnachtspostamt: Ganzjährig geöffnet

behängt. Was es damit wohl auf sich hat? Ich habe Glück: Eine weißhaarige Frau betritt die Kirche und kann mir all das erklären. Das größte Fest im Jahr war in Bredereiche stets das Schifferfest. Für jedes Mädchen im Dorf war es ein großes Ereignis, wenn es das erste Mal mittanzen durfte. Dazu musste es ein festliches Band gestalten. Zu Beginn des Tanzes wurde das Schiffsmodell, das an zwei Mastbäumen befestigt war, hinabgelassen und die Mädchen hängten ihr Schmuckband über den Kahn, und dann ging der Tanz los! Ich danke der Dame und frage sie, welches der Bänder denn das ihre sei. Da aber steigen ihr Tränen in die Augen, sie winkt ab und setzt sich in eine Kirchenbank. Ich verabschiede mich etwas bestürzt und trete leise aus der Kirche.

In Bredereiche kreuzt der Havelweg die Deutsche Tonstraße. Es geht nicht um Musik, sondern um einen Schatz, den die Eiszeit an die Havelufer gezaubert hat, feinste Erden. Aus dem Ton konnte man wunderbar Sache brennen, besonders mit dem steilen Aufschwung von Berlin wurden die Backsteine stark nachgefragt. Über die Havel konnte man sie in einfachen Kaffenkähnen verschiffen, getreidelt, gestakt oder auch, wenn der Wind günstig stand, mit Segelkraft. „Berlin wurde aus dem Kahn gebaut", heißt es. Kein Wunder, dass die Schiffergilde in Bredereiche eine solche Rolle eingenommen hat. Imposant ist auch die Havelschleuse, stolze 3 m geht es hier hinab oder hinauf, für die Havel mit ihrem sanften Gefälle eine gewaltige Anstrengung.

Nach Bredereiche führt der Weg wieder durch ein ausgedehntes Waldgebiet, den Radler freut's, denn das Thermometer beginnt schon wieder nach oben zu schießen. Mitten im Wald kommt man an einem uralten Baum vorbei, der Schwedeneiche. Ihren Namen soll sie tragen, weil im Dreißigjährigen Krieg, der in den Havelgegenden besonders brutal getobt hat, die Schweden einen Galgen brauchten. Ein schauriger Ort. Auch wird berichtet, drei junge Nonnen hätten hier einst auf dem Liebesweg zu ihren jungen Mönchen von Himmelpfort ein Bad in der Havel genommen. Sie wurden verraten und ausgestoßen, ihre Seelen aber mussten unerlöst stets an diesen Ort zurück-

Behängtes Segelschiff in der Fachwerkkirche von Bredereiche

kehren. Schön hingegen der Wunsch auf der Tafel zur Geschichte der Schwedeneiche: „Hoffen wir, dass dieser Baum noch lange lebt." Auffallend, wie persönlich die Hinweise im Havelland oft gestaltet sind. Man begnügt sich nicht mit einer Aufzählung von Fakten, bedient sich nicht wie anderswo einer objektiven, nüchternen Sprache. Man hofft, man wünscht, man lebt.

Bei der Weiterfahrt geht mir durch den Kopf, wie sehr der Mensch alte Bäume schätzt. Sie haben für ihn einen besonderen Zauber, ja, er verehrt sie oft in anrührender Weise. Wenn wir mit unseren alten

Menschen doch genauso umgehen würden. Keiner käme doch auf die Idee, ein Hinweisschild vor dem Haus einer Greisin oder eines Greises aufzustellen, verbunden mit dem Wunsch: „Hoffen wir, dass dieser Mensch noch lange lebt!" Eine alte Eiche müsste man sein!

Dannenwalde ist ein Reinrollort. Ich liebe Reinrollorte, man kann sich bequem im Sattel aufrichten und den neuen Ort begrüßen. Dannenwalde, obwohl kaum mehr als ein größeres Dorf, scheint Industrie gehabt zu haben, jedenfalls tauchen erste bescheidene Plattenbauten auf. Verkehrslärm ertönt. Die in Fürstenberg so unbeliebte B96 läuft auch mitten durch Dannenwalde, ich folge ihr ein Stück. Ein altes Schloss, eher ein größeres Herrenhaus, wartet auf seine Renovierung, renoviert hingegen scheint die Kirche am Wege, die genau so heißt: „Kirche am Wege", ein achtseitiger Zentralbau von 1821.

Vorm Tannenwalde hinter Dannenwalde muss noch die B96 gekreuzt werden. An Wentow (schönes Schlösschen) und dem Großen Wentowsee sause ich vorbei. Die Wegstrecke ist etwas langweilig, dafür ist der Waldweg wunderbar asphaltiert, dazu noch Rückenwind. Windig scheint es hier häufiger zu sein, jedenfalls tauchen die ersten Windräder auf. Bald geht's durch Zabelsdorf (Feldsteinkirche, Gaststätte mit Verkauf „Waren des täglichen Bedarfs", 1 x wöchentlich Arztpraxis, Volkssolidarität), weiter nach Marienthal (Fachwerkkirche, zwei Gaststätten mit Mittagstisch, eine der Gaststätten bietet Kegelbahn, Disco und Bootsverleih) und nach Burgwall. Der Wind ist heftiger geworden, eine dunkle Wolke jagt mir nach, höchste Zeit, sich ein trockenes Plätzchen zu suchen.

Ich fahre durch einen Campingplatz und komme an einen putzigen Havelhafen, wo mich das Wirtshaus „Zur Fähre" einlädt. Es ist kurz vor zwölf, alle Tische auf der Terrasse sind schon gut belegt, man wartet darauf, dass die Küche öffnet. Eine Kellnerin nimmt die Bestellungen auf („Jemand Suppe? Heute Soljanka."), ich beschränke mich auf eine große Apfelschorle, was sich als klug erweist, denn fünf Minuten später bricht das große Chaos aus. Die Wolke hat tatsächlich Regen geladen und lässt ihn genau über unseren Köpfen ab. Zum Glück habe ich mich unter den einzigen Schirm gesetzt, die üb-

Eine Seefahrt, die ist lustig ...

rigen Gäste aber stürzen in die Gaststätte hinein, während die Kellnerin hektisch die Sitzauflagen und Speisekarten einsammelt. Fünf Minuten später wieder strahlender Sonnenschein, alle Gäste wieder heraus ins Freie, wo aber manche Tische schon von Nachrückern belegt sind, so dass das große Bäumchen-Wechsel-Dich beginnt und jeder Gast wieder an einem anderen Platz zu sitzen kommt. Das bringt die Kellnerin nun endgültig zur Verzweiflung, weiß sie doch nun wirklich nicht mehr, wer wo was bestellt hat.

Ich trinke aus, entfliehe dem Chaos und werde nun im Zick-Zack durch eine wundersame Landschaft geleitet. Zahlreiche kleine Seen liegen am Wegesrand, alle tragen sie den Namen „Stich": Gerlestich, Burgwaller Stich, Maasstich ... Ich gondle den alten Zieglerpfad entlang. Zu Beginn des 20. Jhs., als Berlin zur drittgrößten Stadt der Welt heranwuchs, befand sich hier das größte Ziegeleirevier Europas. In schwerster Handarbeit wurde hier der Ton gestochen und auf kleinen Lorenbahnen, deren Schienen ich öfters quere, in die nahe Ziegelei Mildenberg gebracht. Überall ragen gemauerte Kamine in den Himmel, wobei sich die alte Frage stellt: „Was war zuerst – der Ziegel oder die Ziegelei?"

Das Gelände der alten Ziegelei, durch das mich der Havelradweg leitet, ist ein eindrucksvolles Industriedenkmal und kann besichtigt werden. Ein kleiner mittelalterlicher Feldofen und ein hochmoderner Ringofen vom Ende des 19. Jhs. verdeutlichen die Entwicklung des Ziegelhandwerks. Mussten die Ziegel lange von Hand gestrichen werden, übernahmen bald Maschinen diese Aufgabe und machten die Ziegeleibesitzer zu Industriebaronen. Hübsch nachzulesen ist die Funktion des Ringofens in Theodor Fontanes „Wanderungen durch die Mark Brandenburg". Er schreibt auch, die eigentlichen Profiteure seien die Schiffer gewesen, die genau wussten, zu welchem Termin die Ziegeleien den Berliner Bauunternehmen die Steine versprochen hätten, und entsprechend bei den Tarifen pokern konnten. Die Tongruben wurden so lange genutzt, wie sich der Abbau lohnte, danach liefen die Gruben voller Wasser, daher die vielen „Stichseen" mit ihrer einzigartigen Tier- und Pflanzenwelt.

Zehdenick

Südlich der Tonlandschaft liegt das alte Zehdenick, 1216 erstmal urkundlich erwähnt. Aufschwung nahm der Ort, wie so viele an der Havel, mit der Gründung eines Klosters. Auch hier waren es die Zisterzienser, die den Wohlstand brachten, Zisterzienserinnen, um genau zu sein. In den alten Klosterhof schiebe ich mein Rad und lese in der Kühle der alten Mauern die Geschichte des Klosters nach.

Das Kloster Zehdenick

Eine Bierbrauerin hat einst heimlich eine Hostie unter ihrem Fass vergraben, um die Qualität des Bieres zu steigern. Dann jedoch plagte sie ihr Gewissen und sie beichtete alles dem Pfarrer. Man grub den Boden auf und stieß auf blutige Erde. Die trug man in die Kirche, worauf ein starker Zulauf an Wundergläubigen einsetzte. Markgraf Johann I., sein Bruder Otto III. und ihre Schwester Mechthild, Herzogin von Braunschweig, stifteten daraufhin das Kloster. Mit der Reformation wurde es nicht aufgelöst, seine zahlreichen Besitzungen aber stellte man unter die Verwaltung des Markgrafen. Bis 1945 blieb es ein Stift für adelige

Klosterkirchenruine Zehdenick

Frauen, die letzte Oberin starb 1970. Heute dient das Kloster als Wohnsitz für „kirchennahe" Menschen und beherbergt auch das Posaunenwerk der Landeskirche Berlin-Brandenburg-schlesische Oberlausitz sowie eine Beratungsstelle für Ehe- und Familienfragen. Besonders die letztgenannte Funktion gefällt mir, ist sie doch in einem Kloster nicht selbstverständlich.

Auch die Klosterkirche von Zehdenick ist eine „offene Kirche" im wörtlichen Sinn: Ihr fehlt das Dach. Macht aber nichts, denn welcher Bau aus Menschenhand kann es schon mit dem Himmelsgewölbe aufnehmen, zumal wenn sich der Himmel in tiefes Blau kleidet? Direkt neben dem Kloster findet sich eine Galerie. Der freundliche Galerist reicht mir ein Glas Wasser und ich schlendere durch die alte Klosterscheune und bewundere moderne Kunstwerke. Auch Konzerte und Lesungen finden hier statt, der Galerist will mich mit dem aktuellen Programm versorgen, aber ich deute nur bedauernd auf mein Rad. Ich mache noch einen kurzen Schlenker durch das Städtchen, bewundere das gepflegte Rathaus, die alte Stadtkirche und Zehdenicks Wahrzeichen, die alte Zugbrücke. Für das Schiffermuseum bleibt mir leider keine Zeit, auch wenn es für einen Havelreisenden eigentlich ein Muss ist.

Schiffe auf der Havel

Einer der ältesten Havelkähne, von dem wir wissen, war der Prahm, ein offener Kasten mit flachem Boden, auf den immerhin 10–20 Tonnen Ladung passten, deutlich mehr als auf andere Schiffe, denn am Hamburger Zoll war für den Prahm doppelt so viel zu zahlen, manchmal sogar das Dreifache des üblichen Preises. Aktenkundig ist, dass märkische Kaufleute bereits seit 1236 nach Hamburg reisten. Über die Havel zu schiffen war nicht immer leicht. Man brauchte eine gute Ortskenntnis, denn oft genug verzweigt sie sich, und schneller als man glaubt, steckt man in einem flachen Seitenarm fest. Außerdem konkurrierten andere Havelnutzer mit den Schiffern, ist ein Fluss doch nicht nur Transportweg, sondern zugleich Energie- und Fischlieferant. Die Mühlen brauchen Dämme und Wehre, um gleichmäßig viel Wasser über den Mühlgraben zu leiten. Und je größer Dörfer und Städte wurden, desto mehr Mühlen wurden benötigt. Schleusen wurden notwendig und Zugbrücken, wie hier in Zehdenick. Um sich Umwege zu ersparen und neue Märkte zu erschließen, begann man damit, Kanäle zu bauen. Ziegel sind schwer und verursachen deutlichen Tiefgang. So grub man von Zehdenick parallel zur Havel den Vosskanal. Zu den

Haupttransportmitteln wurden nun die Kaffenkähne, von denen es 1871 ca. 30.000 im Reiche gab. Diese Boote von bis zu 40 m Länge zeichnen sich durch ein Segel aus und konnten bis zu 150 Tonnen Ladung aufnehmen. Auffälliges Merkmal ist der hochaufragende Schnabel am Bug, den man angeblich als Peilhilfe brauchte, um bei voller Beladung richtig steuern zu können. Eigentlich aber war der Schnabel das, was für den Pfau sein Rad ist: ein Statussymbol. Daher übertrieben es die Schiffer bald so sehr, dass eine behördliche Bestimmung die maximale Höhe des Schnabels festlegte. Wehe, jemand traute sich einen Hafen mit einem höheren Schnabel anzulaufen – dort lag drohend eine Säge bereit. Was aber machten die cleveren Schiffsleute? Sie bauten ein Scharnier ein und klappten den Schnabel einfach ein, wenn eine Kontrolle drohte. So sind sie, die Märker: gewitzt und fantasiebegabt.

Am Vosskanal führt nun auch der Havelradweg entlang. Hier haben die humorbegabten Zehdenicker die Havel doch tatsächlich in „Schnelle Havel" umgetauft. Ausgerechnet die Havel, das wohl langsamste Flüsschen Deutschlands! Gute 10 km geht es nun am Vosskanal entlang, streng Richtung Süden. Das Wasser des netten Galeristen

Schnell ist bekanntlich relativ

verdampft rasend schnell, neuer Durst meldet sich. Bei Bischofswerder zweigt der Weg vom Kanal ab und leitet mich nach Liebenwalde, wo ich im Hofcafé der Tourist-Info einkehre und eine Apfelschorle hinunterstürze. Will man sich hier über die Stadtgeschichte informieren, muss man ins Gefängnis, denn dort befindet sich das Heimatmuseum. Hübsch ist das Rathaus mit seiner freundlichen Brick-Optik.

3 km hinter Liebenwalde eine der wenigen Steigungen: Der Oder-Havel-Kanal ist zu queren, eine wichtige Verbindung, kommt man doch als Havel-Schiffer so am schnellsten zur Ostsee. Oder zur Oder. Gleich nach der Kanalbrücke geht es scharf nach Westen, parallel zum Kanal, durch ausgedehnte Wälder. Lange ist der Waldweg, sehr lang, zwischendurch eine kleine, versteckte Ortschaft: Bernöwe. Zur Herrschaft von Oranienburg gehörend, hat man hier einst Teer gebrannt, in der Barockzeit wurden ausländische Spinnerfamilien angesiedelt. An Spinnern gibt es heute nur noch den Eichenprozessionsspinner, vor dem überall gewarnt wird. Ich allerdings habe glücklicherweise noch keinen erblickt. Weiter geht's durch die Wälder, der Sonne entgegen.

Oranienburg

Nach acht weiteren Waldkilometern habe ich den Ortsrand von Oranienburg erreicht, ich brauche nicht in die Stadt hinein, mein Quartier befindet sich unmittelbar am Havelradweg, am schattigen Ufer des Lehnitzsees. Das Waldhaus ist ein freundliches Ausflugslokal mit einem Live-Jugendorchester im baumbestandenen Park, der in Treppen den Uferhang hinaufklettert. Eltern und Großeltern sitzen an den Biertischen und Strandkörben und wippen fröhlich mit den Füßen.

Der Weg zu meinem Zimmer im ersten Stock ist mit Sinnsprüchen tapeziert, ordentlich gerahmt und – sämtlich aus der Feder des Waldhauswirtes. „Wer immer vor der Glotze sitzt, hat keine Chance, dass er schwitzt." Da ist was dran, denke ich mir, und freue mich auf die Dusche. „Ein Kopf auf dem Hals ist immer besser als ein Hohlraum auf den Schultern." Nun ja, sicher auch nicht verkehrt, aber als Gästebegrüßung? Hm, hm. Ich schließe mein Zimmer auf. Neben der Tür

Luise Henriette vor ihrer Oranienburg

der nächste Spruch auf knalligem Gelb: „Beachte: Nicht jede Stirn verbirgt auch Hirn!" Eine halbe Stunde später stehe ich frisch geduscht am Schlossplatz von Oranienburg vor dem Denkmal einer hübschen Frau.

Luise Henriette von Oranien

Selten nur schafft es ein Mann auf eine Briefmarke, viel seltener noch eine Frau. Eine von ihnen ist eng mit der Geschichte Oranienburgs verknüpft: Luise Henriette (1627–1667). Die gebürtige Prinzessin von Oranien-Nassau war die älteste Tochter des holländischen Prinzen Friedrich Heinrich. Mit 19 Jahren heiratete sie den brandenburgischen Kurfürsten Friedrich Wilhelm, den man später den Großen Kurfürsten nannte. Die Oranier waren erfolgreiche Leute, Holland hatte eine stolze Flotte, besaß Kolonien, Geld und großen Einfluss. Eine Braut aus dem Hause Oranien war ein Goldfasänchen. Doch die junge Kurfürstin beschränkte sich keineswegs auf den Platz „an seiner Seite". Sie war eine kluge, lebenstüchtige

Frau, die gerne ausritt und ihren Mann sogar auf der Jagd begleitete. Auch von Politik und Diplomatie verstand sie eine Menge. Die Zeiten standen auf Sturm, der Dreißigjährige Krieg tobte fürchterlich, Zankapfel jener Jahre war im Norden die Ostseeküste von Pommern bis Ostpreußen. Mit großer Beharrlichkeit betrieb Luise Henriette die Aussöhnung mit Polen, welches schließlich die Souveränität des Kurfürsten von Brandenburg über das Herzogtum Preußen anerkannte. Ohne ihr Engagement wäre die Geschichte Preußens wohl anders verlaufen. Als Friedrich, einer ihrer Söhne, an die Macht kam, durfte er sich mit dem Titel „König in Preußen" schmücken. „König *von* Preußen" wurde dann dessen Enkel Fritz, der Alte oder auch der Große, ganz wie Sie wollen.

1650 schenkte der verliebte Gemahl seiner Luise Henriette das Amt Bötzow an der Havel. Ob es Heimweh gewesen ist? Dort ließ die junge Fürstin ein Schloss im holländischen Stil errichten und gab ihm den Namen Oranienburg, der dann auf ganz Bötzow überging. Sie muss ein großes Herz besessen haben, hatte in dem durch den Dreißigjährigen Krieg so verwüsteten Land stets ein offenes Ohr für die Nöte ihres Volkes und versuchte, tatkräftig zu helfen. So stiftete sie in Oranienburg ein Waisenhaus für 24 Kinder und gründete eine Stiftung, um das Haus auf Dauer zu versorgen. Hoch auf dem Sockel steht sie seit 1858 auf dem Schlossplatz vor ihrer Oranienburg und trotzt Wind und Wetter. Die Bürger hatten sie nicht vergessen und ihrer Dankbarkeit auf einer Bronzetafel Ausdruck verliehen, und die Deutsche Post hat ihr einen Platz in der Briefmarkserie „Frauen der deutschen Geschichte" eingeräumt, keinen billigen, immerhin den für stolze 100 Pfennige.

Ich setze mich zu Luise – und zu Lieschen. „Lieschen und Luise" heißt das hübsche Schlossrestaurant. Es liegt im Schatten und an der Havel, sehr vorteilhaft an heißen Sommerabenden. Ich bestelle wieder ein Radler, diesmal bekomme ich ein „Polster". Die junge Kellnerin aber versichert mir, dass das ganz genau das gleiche sei. Nun denn: „Prost!"

Auf der anderen Seite des Schlosses liegt der Park. Ein großes Transparent am Eingang bedankt sich bei den Besuchern. Der Schlosspark von Oranienburg sei der zweitschönste Brandenburgs nach Sanssouci. Ich schüttele belustigt den Kopf – „Deutschland sucht den Super-Park". Ohne Ranking geht heute nichts mehr. Aus dem Schlosshof klingt Musik. Dort findet ein Mittelaltermarkt statt, mit allem, was man sich heute so unter dieser Epoche vorstellt. Solche Veranstaltungen boomen, die Sehnsucht nach der „guten, alte Zeit" ist groß – trotz Pest und Cholera!

Ich beschränke mich auf einen Salatteller. Erstens ist es erst sechs Uhr und zweitens will ich mich noch in Oranienburg umschauen. Das Schloss ist sehr hübsch, man hat es aufwendig wiederhergestellt und in ihm eine Ausstellung eingerichtet. In dem Schloss ist unter traurigen Umständen ein Preußenprinz ums Leben gekommen, ein Urenkel von Luise Henriette.

Der Tod des Prinzen

Wie gefährlich das Gift der Eifersucht zwischen Geschwistern wirken kann, wenn es beizeiten von den Eltern eingeflößt wird, davon legt diese Geschichte Zeugnis ab: Es war einmal ein König, der hieß Friedrich Wilhelm I. Was er über alles liebte, das war sein Militär. An seinen „langen Kerls" hatte er die größte Freude, von überall her schickte man ihm hochgewachsene Rekruten, weshalb man ihn auch den Soldatenkönig nannte. Wenig Freude hatte er hingegen an seinem Ältesten, an Friedrich, der sich für so seltsame Sachen wie Philosophie oder das Flötenspiel interessierte. Mit unnachgiebiger Strenge ließ der König den Thronfolger seine Verachtung spüren, verprügelte ihn vor dem versammelten Hof. Sein Hass steigerte sich noch, als Friedrich versuchte, mit einem Freund außer Landes zu fliehen; er dachte sich eine grausame Strafe aus. Er ließ den Freund hinrichten – vor den Augen Friedrichs.

Ganz anders behandelte der König seinen jüngeren Sohn August Wilhelm, den er herzte und verwöhnte, auch und besonders im Beisein Friedrichs. „Sieh her", wird sich der Vater gedacht haben, „das

Schloss Oranienburg im Spiegel der Havel

könntest du auch haben, wenn du nicht so verstockt wärest!" Als der alte König starb und Friedrich König wurde, kam es zum Krieg, den man später den Siebenjährigen nannte. Friedrich ließ seinen Bruder rufen und übertrug ihm den Oberbefehl über einen Heeresflügel. August Wilhelm versuchte sein Bestes, konnte die Kämpfe aber nicht siegreich entscheiden. Hat sein Bruder auf diese Stunde gewartet, hat er sie insgeheim herbeigesehnt? In schlimmer Weise demütigte er August Wilhelm, warf ihm Unfähigkeit und Versagen vor. Von dieser Scham erholte sich der jüngere Bruder nicht mehr – völlig verstört erbat er seinen Abschied und kehrte nach Berlin zurück, wo er seinem Regimentsarzt von seiner Absicht unterrichtete zu sterben. An Leib und Seele gebrochen zog sich der Prinz ins Schloss Oranienburg zurück. Er lehnte jeden ärztlichen Bestand und jede Arznei ab und starb mit nur 35 Jahren am 12. Juni 1758.

Das Herz des Prinzen ruht nicht weit vom Oberlauf der Havel entfernt in Rheinsberg. Nach dem traurigen Tod August Wilhelms verfiel das Schloss Oranienburg zusehends. Von seinem Enkel Friedrich Wilhelm III. verkauft, diente es als Kattunfabrik und ab 1816 sogar als Schwefelsäurefabrik. Die aggressiven Dämpfe fraßen sich durch die Deckengemälde, ausbrechende Feuer in der Fabrik erledigten den Rest. Erstaunlich, dass man es wieder so schön restaurieren konnte.

Ich lasse mich auf meinem Rad durch das Zentrum Oranienburgs treiben. Klare Orientierung bietet die Nicolaikirche mit ihrem stolzen Turm, 1864–68 hat man sie erbaut. Einige historische Häuser ducken sich in ihren Schatten, sonst ist wenig übrig von der großen Periode, als man noch Residenzstadt war. Jenseits der Havel treffe ich auf einen bronzenen Mann, der an einem Tischchen mit chemischen Experimenten beschäftigt zu sein scheint, Friedlieb Ferdinand Runge.

Friedlieb Ferdinand Runge

Runge war ein bedeutender deutscher Chemiker. 1794 in Hamburg geboren, hat er es, aus einfachen Verhältnissen stammend, bis zum Professor an der Universität Breslau gebracht. Nach Beendigung seiner Universitätskarriere ist er 1832 nach Oranienburg gezogen, wo er über 20 Jahre als technischer Direktor der „Chemischen Produktenfabrik" wirkte. Ihm haben wir die Entdeckung der besonderen Inhaltsstoffe des Steinkohlenteers zu verdanken. Achtlos hatte man das Abfallprodukt bislang entsorgt, Runge gelang der Nachweis, dass in dem Teer wertvolle Verbindungen enthalten sind, so Anilin und Phenol. Damit wurde Runge zu einem der Gründerväter der organischen Chemie. Auch die Urform der Papierchromatografie ist ihm zu verdanken und ein Experiment, das bis heute die Schüler verblüfft: das schlagende Quecksilberherz. Kennen Sie es noch aus dem Chemieunterricht? Man gebe einen Tropfen Quecksilber in ein Uhrglas und überschichte ihn mit einem Gemisch aus Schwefelsäure und Kaliumpermanganat. Nimmt man nun einen eisernen Nagel und piekst mit dessen Spitze in den Quecksilbertropfen, beginnt dieser auf geheimnisvolle Weise zu pulsieren wie ein lebendiges Herz. Des Rätsels Lösung: das Quecksilber nimmt Elektronen von dem unedleren Eisen auf, diese wollen sich abstoßen und verformen das Quecksilber dabei zur Kugel, welches hierdurch den Kontakt zur Nadel verliert. Die überschüssigen Elektronen werden nun durch Reduktion des Permanganats wieder abgegeben, das Quecksilberkügelchen entspannt sich – und kommt erneut in Kontakt mit der Nagelspitze; das Spiel beginnt von neuem.

Noch viele andere Entdeckungen machte der findige Chemiker. Hätte es damals schon den Nobelpreis gegeben, er hätte ihn mit Sicherheit bekommen. Runge starb am 25. März 1867 in Oranienburg.

Weiter bummle ich durch die Straßen. Oranienburg ist die bislang größte Stadt auf meinem Weg entlang der Havel, es gibt einiges zu sehen, viele Straßencafés laden zum Verweilen ein. Sogar an einer Havel-Buchhandlung komme ich vorbei, das gefällt mir natürlich. Dann aber mache ich eine Entdeckung, die meine Laune wieder drückt: Es ist schlimm, was ich da lese. Kurz kommt mir der Gedanke, es vielleicht besser zu verschweigen, doch sogleich fühle ich ein schlechtes Gewissen dabei. Darf man? Darf man das einfach unter den Teppich kehren? Will man den Reisebericht nicht schönen, will man diejenigen, die hier gelitten haben, nicht zusätzlich der Strafe des Vergessenwerdens aussetzen, so müssen auch diese bitteren Tatsachen Erwähnung finden.

Wieder bin ich bei meinem Weg entlang der Havel auf ein Konzentrationslager gestoßen, auf eines der ersten, das die Nazis errichtet haben, das KZ Oranienburg. Wenigen nur ist es gelungen, aus einem KZ zu fliehen. Einer von ihnen war der Reichstagsabgeordnete Gerhart Seger. Er hatte als aufrechter Sozialdemokrat mit seiner Partei gegen Hitlers Ermächtigungsgesetz gestimmt, weshalb er verfolgt und verhaftet worden ist. Im Juni 1933 im KZ Oranienburg eingeliefert, gelang ihm im Dezember desselben Jahres die Flucht. In Prag schrieb er auf, was er in Oranienburg erlebt hat, „den ersten authentischen Bericht eines aus dem Konzentrationslager Geflüchteten". Unmöglich und unzumutbar, all die Leiden wiederzugeben. Allein die Schilderung der Steinsärge mag genügen, den Sadismus des Lagerkommandanten zu veranschaulichen: Um die Gefangenen zu quälen, hatte dieser Mann schmalste Zellen von nur 60 x 80 cm Bodenfläche mauern lassen. „In einem Zementsarg eingeschlossen zu sein, kein Glied rühren zu können, fühlen, wie die Glieder von unten her starr werden, zu schmerzen beginnen, wie die Knie durchsacken und an die Wand stoßen, nicht wissen, wohin mit den Armen, wie noch länger stehen, und dazu die nicht geringe seelische Folter – das fürchterliche Bohren der Gedanken, die nur einen Inhalt haben: heraus aus dem entsetzlichen Zementsarg, die wachsenden Schmerzen des ruhelos eingesperrten Körpers, die Tränen der Wut, der Verzweiflung in die Augen pressen, den rasenden Druck im Kopf vermehrend, den das in die Schläfen hämmernde Blut erzeugt – es ist die Hölle, und der sie erfand, ist kein Mensch, sondern ein Vieh."

Neben dem KZ Oranienburg entstand vor den Toren der Stadt auch das KZ Sachsenhausen. Ein Besuch des dortigen Dokumentationszentrums ist Pflicht. Zwar habe ich nach den ergreifenden Schilderungen Segers kaum mehr die Energie, mich diesem Besuch zu stellen, dennoch mache ich mich auf den Weg. Auch das scheint zur Havel zu gehören, dass es eine Zeit gegeben hat, in welcher die Nazis ihre Ufer auf schlimmste Weise schändeten. Unpassenderweise liegt das KZ-Gelände in schönstem Abendsonnenschein. Die warmen Strahlen verschleiern die kalte Funktionalität des Mörderbetriebs. Auf einem großen Tisch steht ein Modell des gesamten Lagers, die unzähligen Häftlingsbaracken hatte man zu einem Halbrund geordnet. Museum und Gedenkstätte sind schon geschlossen, aber die alte Lagerstraße kann man noch entlangfahren. Auf einer der begleitenden Hinweistafeln beschreibt der polnische Dichter Andrzej Szczypiorski den Moment seiner Befreiung, das Wiedersehen mit einem alten Freund in polnischer Uniform: „... und ich weinte bitter in den Armen dieses Sienkiewicz-Goldstein, denn beide waren wir Jungen aus derselben Stadt, die zwar nicht mehr existierte, schon ausgebrannt, zerstört und tot war, aber sie kam doch zu mir, hinter diesen Draht von Sachsenhausen, um mich zu befreien."

Ich habe genug gesehen und fahre wieder zum Schloss zurück. Der Schlossplatz wird langsam dunkel. Soll ich mich zum Abendessen nochmal zu „Lieschen und Luise" setzen? Gut geschmeckt hat es und man sitzt so lauschig an der Havel. Doch auch das zweite Lokal am Schlossplatz sieht sehr einladend aus, ein Italiener am Eingang zum Park. Pasta wird für Radfahrer sehr empfohlen, also ab! Das barocke Haus wurde Ende des 18. Jhs. für den königlichen Hofgärtner erbaut, erfahre ich, der jüdische Kaufmann und Bankier Louis Blumenthal erwarb es im Jahr 1875. Sein Sohn Martin führte es weiter, dann dessen Sohn Ewald, der vor den Nazis flüchten musste, zusammen mit seiner Frau und seinem kleinen Sohn Werner Michael, zunächst nach Shanghai und dann weiter nach New York. Dort sollte Werner Michael Blumenthal Karriere machen.

Der Gründungsdirektor des Jüdischen Museums

Werner Michael Blumenthal studierte Wirtschaft und Politik. Er wurde nicht nur ein erfolgreicher Ökonom, er wurde auch zum gefragten Mann in Washington. In den 60er-Jahren war er wirtschaftspolitischer Berater der Präsidenten John F. Kennedy und Lyndon B. Johnson, von 1977 bis 1979 US-Finanzminister in der Regierung Carter. Seine Heimat aber hat er nie vergessen. 1997 wurde er Gründungsdirektor des Jüdischen Museums in Berlin, wegen seiner Verdienste verlieh ihm seine Heimatstadt Oranienburg die Ehrenbürgerwürde.

Besonders nahe stand ihm als kleinem Jungen in Berlin sein deutsches Kindermädchen, Fräulein Else. Sie ist immer für ihn da gewesen, hat ihn großgezogen; sie selbst hat keine Familie besessen. Blumenthal erinnert sich noch heute, wie sie sich für ihn und seine Schwester aufgeopfert hat, dass sie ihm fast nähergestanden habe als die eigene Mutter, ja, dass er sie abgöttisch geliebt habe. Umso schwerer fiel der Abschied 1939. Weinend habe sie ihn zum Zug gebracht. Dann kam der Krieg, die lange Zeit der Ungewissheit. Bei einem Deutschlandbesuch 1953, mittlerweile zum jungen Mann gereift, hatte er den Wunsch verspürt, sie wiederzusehen, und sich mit ihr verabredet. Allerdings verspätete er sich leicht und klopfte erst eine halbe Stunde nach der vereinbarten Uhrzeit an ihrer Tür. Und das, wo sie ihn doch stets zur Pünktlichkeit ermahnt hatte! Als die Tür aufging, stand da Fräulein Else, schaute streng auf die Uhr und sagte: „Na, weißte Werner!" Erst dann habe sie ihn umarmt und geweint.

Was gibt es Größeres, als wieder Frieden mit seinen einstigen Feinden zu schließen? Sich für Versöhnung und Verständigung einzusetzen? Blumenthal tut dies in einzigartiger Weise, das von ihm bis 2014 geführte Jüdische Museum ist nicht nur ein architektonisches Wunder, eine Darstellung der reichen jüdischen Geschichte Deutschlands, es ist darüber hinaus eine Stätte der Begegnung und des Dialogs.

Ob das Blumenthal'sche Haus, vor dem ich mir jetzt meine Spaghetti aglio e olio schmecken lasse, wieder in Familienbesitz ist? Die Geschichte Oranienburgs ist reich an großartigen Menschen. Beim Rühren im anschließenden Espresso werde ich wieder an Chemiker Runge erinnert. Auf Anregung Goethes hatte der Oranienburger auch die Inhaltsstoffe des Kaffees untersucht und als Erster das Koffein beschrieben. Man hätte das Koffein mit Fug und Recht auch Rungin nennen können, das aber wäre dem bescheidenen Mann vermutlich peinlich gewesen. Über seinen gutmütigen und so praktisch veranlagten Charakter gibt es eine schöne Anekdote: Als Pensionär fiel es ihm nicht ein, untätig zu sein, und er begann, seine „Hausfraulichen Briefe" zu schreiben. Hierin gab er den Oranienburger Frauen nützliche Tipps, etwa mit welchem chemischen Trick man den Geruch von Heringslake von Messern und Gabeln beseitigen könne. Und wenn er ihnen seinen selbst gekelterten Obstwein kredenzte, muss es lustig zugegangen sein. Drüben im Oranienburger Schloss, das so geheimnisvoll in der Sommernacht leuchtet, in der erwähnten Schwefelsäurefabrik, hatte Runge übrigens das Anilin entdeckt.

2. Flussabschnitt:
VON ORANIENBURG ÜBER BERLIN NACH POTSDAM

Die Nacht war stürmisch. Erneut ist ein Gewitter niedergegangen. Als ich morgens das Fenster öffne, steigt der Dampf aus dicken Pfützen. Rasch gefrühstückt und wieder aufgesessen! Jetzt geht's Richtung Berlin. Der Weg führt mich weiter am Lehnitzsee vorbei, hinter einer Kurve muss ich scharf bremsen, ein dicker Ast versperrt mir die Weiterfahrt. Abgesessen und hinübergestiegen! Das Gewitter muss es wirklich in sich gehabt haben. Als ich im südlichen Stadtgebiet erneut den Oder-Havel-Kanal quere, sehe ich in der Ferne, wie sich die Havel mit ihm vereint. Nach Borgsdorf und Briese quere ich die A10, den nördlichen Berliner Autobahnring, und erreiche in einer knappen Stunde Birkenwerder, wo ich an einer verspielten Villa in der Summter Straße halte. Im höher gelegenen Garten erkenne ich zwei Frauen mit Dutt. Die eine ist unverkennbar Rosa Luxemburg, die andere ihre Mitstreiterin Clara Zetkin.

Clara Zetkin

30. August 1932: konstituierende Sitzung des neu gewählten Reichstags in Berlin. Der Parlamentssaal wird beherrscht von den Uniformen der SA- und SS-Männer, den Abgeordneten der NSDAP. Die Eröffnung der Sitzung aber übernimmt jemand, der eine fundamental andere politische Überzeugung hat, eine ältere Dame, die, körperlich leidend, zwar aufs Podium geführt werden muss, deren Geist jedoch hellwach ist: Clara Zetkin, die Alterspräsidentin. Eindrücklich führt die 75-jährige den Abgeordneten, den Hörern im Saal und an den Rundfunkgeräten die Gefahren des aufziehenden Faschismus vor Augen, warnt vor den Nazis, entlarvt ihre Ziele. Und beschwört die Einheit der Linken, ruft dazu auf, sich nicht zu verzetteln, sondern eng zusammenzuste-

hen. Solidarität ist keine Nettigkeit, sondern bittere Notwendigkeit geworden. Nur gemeinsam lässt sich das drohende Unheil noch aufhalten.

Clara Josephine Eißner war eines der ersten Mitglieder der SPD, durch die Sozialistengesetze wurde sie ins Exil getrieben, ging nach Paris, verliebte sich in den russischen Revolutionär Ossip Zetkin, bekam zwei Söhne, gründete mit Gesinnungsfreunden die Sozialistische Internationale. Die gebürtige Sächsin hatte im Laufe ihres langen Lebens erfahren, wie zerstritten die Linke ist, wie uneins über den Weg zu einer besseren Welt. Besonders hatte sie das überkommene Geschlechterbild vieler Sozialdemokraten geärgert, die Frauen nach wie vor am liebsten am heimischen Herd gesehen hätten. Die enge Freundin Rosa Luxemburgs und Lenins zog die Konsequenz und trat der KPD bei, für die sie seit 1920 als Abgeordnete im Reichstag saß. Nur der Kommunismus würde Gerechtigkeit für alle Menschen schaffen, davon war sie überzeugt und setzte sich in besonderer Weise für die Rechte der Frauen ein. Sie war der festen Ansicht, dass Emanzipation nur in einem kommunistischen Staat möglich sei, hielt die Demokratie für unfähig, Gleichberechtigung zwischen den Geschlechtern herzustellen, ja, sie sah in der bürgerlichen Gesellschaft den eigentlichen Grund für die Unterdrückung der Frau. Deshalb seien alle Bemühungen zwecklos, die auf eine Reform hofften. Nur die Herrschaft des Proletariats könne die Herrschaft des Mannes über die Frau beseitigen.

Clara Zetkin und Rosa Luxemburg

Wegen dieser rigorosen Ansicht isolierte sie sich von vielen Mitstreiterinnen, die auf eine Reformbewegung setzten. Unermüdlich, trotz zahlreicher körperlicher Gebrechen, kämpfte sie für eine gerechtere, eine friedlichere Welt. Von der Weimarer Republik hielt sie nichts, nichts vom Deutschen Reichstag, sah in ihm nur ein bürgerliches Übel auf dem Weg zu ihrem großen, ihrem eigentlichen Ziel. Alterspräsidentin des Reichstags zu sein, was war das schon? Dessen Vorsitz führte sie nur „in der Hoffnung, trotz meiner jetzigen Invalidität das Glück zu erleben, als Alterspräsidentin den ersten Rätekongress Sowjetdeutschlands zu eröffnen".

Mit dem Beginn des Naziterrors musste die temperamentvolle Politikerin erneut ins Exil. Diesmal ging sie ins kommunistische Russland, wo sie 1933 starb. Die Trauerfeierlichkeiten geschahen unter großer Anteilnahme der Bevölkerung. Stalin persönlich trug ihre Urne zur Beisetzung an der Kremlmauer.

Ein kleines Schild informiert über das Tal. Ich bin in einer Niedermoorwiese. Nach der letzten Eiszeit habe sich in den Tälern von Briese und Havel eine teilweise meterdicke Torfschicht gebildet. Heute wächst hier der Wiesenknöterich, und seltene Schmetterlinge finden sich ein. Ich setze mich auf ein schattiges Bänkchen und sinniere ein Weilchen über all die anderen kleinen Nebenflüsse der Havel, denen ich begegnet bin. Ihnen erst hat die Havel ja ihre nun so stattliche Größe zu verdanken, sie alle zusammen machen ihren Charakter aus. Es gibt ein schönes Wort dafür: Einfluss. Auch wir verdanken ja den verschiedenen Einflüssen das, was aus uns geworden ist. Eltern fürchten sich stets vor schlechten Einflüssen auf ihre Kinder, Kinder fürchten sich davor, dass der elterliche Einfluss auch im Erwachsenalter nie versiegen wird. Welchen Einflüssen sind wir ausgesetzt gewesen? Bei Clara Zetkin soll es eine sozial sehr engagierte Mutter gewesen sein, die ihr früh die Augen für manche Ungerechtigkeit geöffnet hat.

Bald folgt nun mit der Stolper Heide wieder ein sehr beschaulicher Abschnitt. Jemand bietet auf einem Schild Findlinge zum Verkauf an, das Stück zwei Euro. Scheint mir nicht überteuert, doch als Radfahrer überlegt man sich jedes zusätzliche Gramm Marschgepäck.

Ein Wasserschutzgebiet ist zu durchqueren, gewölbte Betonpilze dicht am Waldesrand werden Brunnen sein. Naturschützer und Was-

Die Briese bei Birkenwerder

Der Seeadler ist wieder da

serwerker arbeiten hier Hand in Hand, informiert eine Tafel, 20 Mio. m³ Wasser fördere das Wasserwerk Stolpe jährlich, ausschließlich Grundwasser, das sich aus Niederschlägen speist und aus dem Uferfiltrat. So versorgt die Havel die Berliner mit Trinkwasser. 50 Vogelarten würden in dem Schutzgebiet brüten, unter anderem auch der Seeadler. Klar, der Adler gehört nicht nur nach Mecklenburg, der Adler darf auch in Berlin nicht fehlen. Schließlich ist er das preußische Wappentier, der Brandenburgische Adler. Rührend ist eine Gedenktafel eine kurze Wegstrecke später. Hier wird eines besonders aktiven Naturschützers gedacht, Alfred Hundrieser (1927–2010), des „Geburtshelfers" dieses Lebensraumes. „Ruhelos brachte er Weidenstecklinge auf den Dämmen ein. Insekten konnten sich hier entwickeln und die Nahrungskette für die höher entwickelten Tierarten bereichern. Nur der Biber konnte diese Entwicklung nicht abwarten. Ein beträchtlicher Teil der mit dem Fahrrad herangeschafften Weidenstecklinge ging umgehend durch den Bibermagen. Eine Kraftprobe entstand. Alfred Hundrieser pflanzte immer neue Weidenstecklinge und sie verschwanden in den kommenden Tagen. In der Folgezeit war sein Fahrrad nicht nur mit Weidenstecklingen, sondern auch mit Zaundraht beladen. Die Umzäunung verärgerte sichtlich den Biber, aber die Weiden konnten wachsen und gedeihen." So steht es zu lesen. Ein Foto zeigt den sympathischen Weidensteckling-Sisyphos mit einem jungen Adler auf dem Arm. Manchmal muss man unökologisch handeln, um der Ökologie eine Chance zu geben. Fundis haben hier keine Chance. So scheinen sie zu sein, die Brandenburger, engagiert und gewitzt zugleich.

In Hennigsdorf ist das Weichbild Berlins nun endgültig erreicht und damit die Städtekette, die von Norden her anschwillt und sich nach Berlin ergießt. Von der Endung „-dorf" darf man sich nicht täuschen lassen, Hennigsdorf war und ist ein wichtiger Industriestandort. Weniges nur hat sich von seinem historischen Zentrum erhalten, unter anderem der Komplex aus roten Ziegelsteinen rund um das alte Rathaus. Auch das kleine Stadtgefängnis steht noch auf seinem Platz, von hier aus nahm ein wichtiger Tag der deutschen Geschichte seinen Ausgang.

Der 27. Februar 1933

Von hier aus ist er losmarschiert, am Morgen des 27. Februar 1933. Der junge Holländer Marinus van der Lubbe. Die Nacht hatte er im Hennigsdorfer Polizeiasyl verbracht. Ob er am Ufer der Havel entlangmarschiert ist, bis nach Spandau, um von dort die Spree aufwärts zu wandern? Am Schloss Charlottenburg vorbei und auch am Schloss Bellevue? Kann sein, denn auf diesem Weg wäre er direkt an sein Ziel gelangt, zum Gebäude des Deutschen Reichstags. Als dort am Abend die Flammen aus den Fenstern schlugen, als Feuerwehr und Polizei eintrafen, stand Lubbe mitten in dem brennenden Gebäude, ließ sich widerstandslos festnehmen. Bei den Verhören gab er zu, den Brand gelegt zu haben, er habe ganz allein gehandelt. Er sei Kommunist, habe ein Zeichen setzen wollen, um die deutsche Arbeiterschaft zum Widerstand gegen die kapitalistische Herrschaft und die faschistische Machtergreifung aufzurufen.

Man verurteilte den jungen Holländer zum Tode, obwohl kein Mensch zu Schaden gekommen war. Die Nazis nutzten den Reichstagsbrand als Vorwand, um die Propaganda anzuheizen und mit brutaler Härte gegen ihren politischen Gegner vorzugehen, besonders gegen die Kommunisten. In einer Verhaftungswelle wurden über 1000 Menschen festgenommen, verschwanden in Gefängnissen oder KZs. Erst spät, 2007, wurde das Todesurteil gegen Lubbe aufgehoben, durch die Bundesanwaltschaft. Genutzt hat der Aufhebungsbeschluss ihm nicht mehr. Man hatte ihn bereits im Januar 1934 in Leipzig köpfen lassen.

Erinnert wird zwei Straßen weiter an einen anderen Marsch von Hennigsdorf nach Berlin: Die Künstlerin Heidi Wagner-Kerkhof hat zwei Monumente geschaffen und an einem länglichen Grünstreifen aufgestellt, ein durchbrochenes Mauerstück, das für 1989, steht und eine Gruppe von Männern für die Proteste von 1953. Beim Volksaufstand vom 17. Juni 1953 hatten sich viele Hennigsdorfer Arbeiter den Protesten gegen die DDR-Regierung angeschlossen, waren zusammen nach Ost-Berlin marschiert, wo der Aufstand bekanntlich mit Hilfe russischer Panzer blutig niedergeschlagen wurde. Die Arbeiter hatten zunächst für bessere Arbeitsbedingungen demonstriert, dann für Demokratie und Freiheit. Bundespräsident Gauck bekannte anlässlich einer Gedenkstunde zur friedlichen Revolution 1989, man habe bei den Aktionen die Geschehnisse von 1953 sträflich vergessen.

Vor den Toren Berlins

Ich verlasse Hennigsdorf und fahre idyllisch an der Havel entlang, bis ich abrupt stoppe. Ich stehe vor einem Wachturm der ehemaligen Berliner Mauer, dem Grenzturm von Nieder Neuendorf. Ein Herr, der auf einer Bank sitzt, lacht bejahend, als ich ihn frage, ob er der Türmer sei. Ich könne mich gerne umsehen. Der Eintritt sei frei, im Inneren werde alles erklärt. Natürlich will ich mir das ansehen, ich steige die Stahltreppe zu dem Glaskasten hinauf. Viel ist vom Originalmobiliar noch vorhanden: der Suchscheinwerfer an der Decke, der immer noch funktionsfähig ist, das fest montierte, drehbare Suchfernglas, der Schaltkasten zur Überwachung der Elektronik der Grenzanlagen, die Ruf- und Sprechsäule RSS 17, um Republikflüchtlinge dingfest zu machen oder gleich zu erschießen. Zuständig war das Grenzregiment 38 „Clara Zetkin". Arme Frau Zetkin – wenn sie die Opfergeschichten studieren könnte, die in knappen, eindrucksvollen Worten geschildert werden, sie würde zornesrot aus dem Grab aufstehen und den Verbrechern die Leviten lesen.

Ich habe genug gesehen und steige wieder hinunter. Der Türmer erzählt mir, sogar die arme Havel sei in den Augen der DDR-Oberen ein Republikflüchtling gewesen. Da sie durch West-Berliner Gebiet führte, habe man einen Umgehungskanal auf DDR-Gebiet gebuddelt, fortan musste kein Schiff mehr den „gefährlichen" Weg durch den Westen nehmen. So, so, man hat also die Havel zum volkseigenen Fluss gemacht.

Der Türmer gibt mir einen wertvollen Tipp zur Querung der Havel. Ich habe nämlich noch einen Abstecher auf die linke Seite geplant, muss dort noch einen dringenden Besuch abstatten.

Berlin: Tegel

Ich nehme die Fähre „Konradshöhe", lande in Tegelort und radle eine Ausbuchtung der Havel entlang, den Tegeler See. Ein tiefgrüner, altehrwürdiger Wald umfängt mich, mächtige alte Buchen sind darunter. In sanften Kurven geht es immer wieder zum Wasser hinunter, auf dem sich schicke Boote tummeln. Einsam liegt eine kleine Insel, ein Internat befindet sich dort, nur Befugte dürfen übersetzen, warnt

Schloss Tegel

ein Schild. Ich aber bin unbefugt und quäle mich einen steilen Berg hinauf, auf dessen Kuppe eine Traditionsgaststätte steht: „Wirtshaus im alten Fritz". Ich muss zweimal lesen, aber es stimmt: „im alten Fritz". Wobei: „aus dem Jahr 1410"? Da hat's den alten Fritz doch noch gar nicht gegeben. Das „Waldhaus" gleich gegenüber fühlt sich offenbar in seiner Ehre gekränkt und nennt sich im Untertitel „Berlin's älteste Gaststätte". Kampf der Fossile! Ich kehre weder hier noch dort ein, sondern rolle den Hang seitwärts hinunter, bis mich ein unauffälliges Schild auf das Ziel meines Abstechers aufmerksam macht: Schloss Tegel.

Alexander von Humboldt

Er war kein einfaches Kind. Beim Unterricht, der von einem Hauslehrer im Schlösschen durchgeführt wurde, war Alexander selten bei der Sache, war ständig abgelenkt, lernte nur mühsam und im Schneckentempo. Ganz anders der ältere Bruder Wilhelm, von dessen Talenten und Fleiß jeder schwärmte. Alexander entwischte seinem Lehrer, so oft er konnte. Am liebsten war er draußen in der freien Natur, streunte durch die nahen Wiesen und Wälder oder lief hinunter zum Ufer des Tegeler Sees. Er war ein Sucher und Sammler. Entdeckte er etwas Neues, eine Muschel, einen besonderen Stein, einen bunten Schmetterling, so trug er seinen Schatz zum Schloss, versteckte ihn in seinem Zimmer, das er sich mit seinem Bruder teilte, beschrieb und beschriftete seine Funde akribisch.

Alexander ist am 14. September 1769 in Berlin geboren worden. Der Vater, ein hoher Beamter und Vertrauter des Königshauses, starb früh, die Mutter war unnahbar, nüchtern und puritanisch. Selten schenkte sie Alexander ein liebes Wort. Nur von seinen Zeichnungen und Bildern war sie angetan, bewunderte seine genaue Art des Beobachtens und Wiedergebens, hängte seine kleinen Kunstwerke in ihrem Zimmer auf. Konnte Alexander nicht auf Entdeckungsreise gehen oder zeichnen, vergrub er sich in seine Bücher. Nicht in die Schulbücher, sondern in Reisebeschreibungen, in Träume von fernen, exotischen Welten. Oft stand Alexander staunend im alten Turm des Botanischen Gartens, wo ein riesiger Drachenbaum wuchs. Einmal selbst in die Heimat dieser seltsamen Pflanzen aufzubrechen, das wurde ihm zum Lebenstraum.

Alexander von Humboldt hat sich seinen Traum erfüllt. Sein ererbtes Vermögen gab er aus, um auf Forschungsreisen zu gehen und der Welt davon zu berichten. Die Havel war ihm nicht genug, er fuhr die Flüsse Südamerikas hinauf, den Orinoco, bestieg die höchsten Vulkane, maß und verglich, zeichnete und sammelte mit nie versiegender Begeisterung und Gründlichkeit. Zutiefst verhasst war dem Forschungsreisenden die Sklaverei, mit deren Hilfe die eingewanderten Europäer sich ihren Wohlstand sicherten; er kämpfte mit scharfen Worten gegen dieses größte Übel der Menschheit, wie er es bezeichnete. Als ein preußischer Adeliger einen Schwarzafrikaner als Attraktion und Haussklaven mit nach Berlin brachte, protestierte der Menschenfreund so heftig, dass der preußische König die Sklaverei offiziell verbot.

Von Humboldt gilt als einer der letzten großen Universalgelehrten. Vorbildlich war auch seine Fähigkeit zur Freundschaft, zur uneigennützigen Zusammenarbeit. All sein Wissen teilte er bereitwillig, viele junge Menschen begeisterte er für die Naturwissenschaften. Im Mai 1859, mit 89 Jahren, starb er friedlich in Berlin, im Garten des Tegeler Schlosses wurde er begraben.

In den Park hinein, der wie das Schloss in Privatbesitz ist, darf ich nur als Fußgänger. Ganz am Ende des langen Parks erhebt sich eine hohe Säule mit einer Frauengestalt: Caroline Friederike von Humboldt. Zu ihren Füßen findet sich ein einfacher Friedhof mit den Familiengräbern. Die senkrechtgestellten Grabsteine sind schlicht und einheitlich gestaltet. Nach einer kurzen Suche entdecke ich das Grab ihres Schwagers Alexander, schräg dahinter ruht sein Bruder Wilhelm, Carolines Gatte. Ich blicke mich noch einmal zu dem Schloss

Andenken an die Havelsöhne im Schlosspark Tegel

um, das weit hinten als strahlend weißer Bau aus dem Grün herausleuchtet. Als „Schloss Langweil" hat es Alexander von Humboldt in seinen Briefen bezeichnet.

Ich spaziere zurück und schwinge mich wieder auf mein Rad. Durch Alexander von Humboldts Beschreibungen wissen wir, dass einst Weinstöcke auf den Tegeler Hügeln wuchsen, besonders den Blick über den See mit seinen verschwiegenen Inseln hat er sehr genossen. Auch sein Bruder Wilhelm, der bedeutende Sprachwissenschaftler und Staatsmann, fühlte sich stets eng mit dem Ort seiner Kindheit verbunden. Das klassizistische Gebäude des Schlosses haben wir Berlins großem Baumeister Karl Friedrich Schinkel zu verdanken. Wilhelm von Humboldt hatte das ursprünglich schlichte Haus für sich und seine Familie in ein Schlösschen verwandeln lassen. Die Brüder Humboldt, Johann Heinrich Voß, Friedlieb Ferdinand Runge, Heinrich Schliemann – lauter Entdecker und Wissenschaftler trifft man an dem Uferweg, ein jeder auf seinem Gebiet eine Koryphäe. Ist an diesem Phänomen etwa der Geist der Havel schuld? Wer weiß ...

Ich rolle hinunter zur Uferpromenade von Tegel, kleine Kinder vergnügen sich mit dem Füttern der Enten, während ihnen ihre Mütter lachend zusehen. Einige Ausflugsschiffe liegen an den Pieren, aber leider fährt keines nach Spandau, wo ich wieder auf den Havelradweg treffen will. Also muss ich nolens, volens weiterradeln, am Ufer des Sees entlang, durch die Jungfernheide, wo mir der ein oder andere Flieger über den Panamahut saust. Noch wird Tegel beflogen, wie lange wohl noch?

Ich komme zu einem Campingplatz, ein nettes Lokal lädt mich zu einer kleinen Rast ein, das „Fährhaus" im Saatwinkel. Über den Spandauer Schifffahrtskanal geht's anschließend hinüber, den man – wie alle Schifffahrtskanäle – mit der Rechtschreibreform auf drei „f" verlängert hat, und über den Alten Berlin-Spandauer-Schifffahrtskanal. Den alten Kanal hat übrigens Peter Joseph Lenné konzipiert, er konnte weit mehr als schöne Parks anlegen. Mit dem Kanal gelang es, eine kürzere Verbindung zwischen Havel und Spree zu schaffen, 6 km konnten abgekürzt werden, ist doch auch die Spree mit ihren

Von Havelwassern umflossen

weiten Bögen im Berliner Stadtgebiet ein kleiner Herumtreiber – aber das soll das Thema für ein anderes Buch sein. Nun muss ich nur noch über die Havelbrücke, dann bin ich in Spandau.

Berlin: Spandau

Zu Fuße des Juliusturms vereinigt sich das blaue Band der Spree mit der Havel. Der Zusammenfluss war wohl auch der Grund für den Bau des Bollwerks. Wer die strategisch wichtige Lage beherrschte, der beherrschte den Handel. Neidlos muss ich anerkennen, dass die Havel gegenüber der Spree ein Flüsschen ist. Nicht sie ist es, die die Wasser der Spree aufnimmt, sondern genau umgekehrt. Warum man den nun folgenden Flusslauf dann nicht nach der Spree benannt hat? Ist es nicht üblich, dem größeren Fluss diese Ehre zu geben? Nicht in jedem Fall. Der Main ist zum Beispiel viel mickriger als die Regnitz, wenn sich die Flüsse bei Bamberg verheiraten, dennoch hört die Regnitz mit der Vereinigung auf zu existieren. Gelegentlich hat man sich entschlossen, dem neuen Fluss auch einen gänzlich neuen Namen zu geben. „Wo Fulda und Werra sich küssen, sie ihren Namen büßen müssen." Als Weser strömen sie gemeinsam Richtung Nordsee. „Brigach und Breg bringen die Donau zu weg", sagen die Donaueschinger und behaupten stolz, die Donau beginne selbstverständlich bei ihnen.

Eine nette Idee ist den Fürthern gekommen. In Fürth strömen Rednitz und Pegnitz zusammen. Von der Rednitz nahm man das „R", von der Pegnitz das „egnitz", woraus die Regnitz entstand. Hätten die Fürther in Spandau das Sagen, würde ich ab Spandau die Spravel entlangradeln.

Übrigens: Das vielleicht merkwürdigste Gefecht, das Spandau je gesehen hat, war die Seeschlacht in der Malche, ein kleiner See, von der Havel durchflossen. Die kriegerische Auseinandersetzung ist auch als Knüppelkrieg in die Geschichte eingegangen.

Der Spandauer Knüppelkrieg

An einem Morgen im Jahr 1567 wurde der Bürgermeister von Spandau von lautem Klopfen geweckt. Kurfürst Joachim sei auf der Feste und verlange ihn zu sprechen. Erschrocken rannte der Bürgermeister los und erwartete das Schlimmste. Erleichtert aber lachte er auf, als er erfuhr, was sich der Kurfürst ausgedacht hatte: Eine Seeschlacht solle stattfinden, Schiffe aus Cölln und Berlin seien schon unterwegs, um die Spandauer anzugreifen. Diese sollten nur munter in ihre Kähne steigen und sich verteidigen. Waffen lägen schon bereit, lauter lange Holzstangen.

Das gab ein Hallo! Rasch wurde ganz Spandau geweckt, und als man die Boote bestieg, rückte auch schon die vereinte Cölln-Berliner Armada vom Tegeler See her an. Die Seeschlacht begann. Zum Amüsement des Kurfürsten und dessen Festgesellschaft, welche von der Zitadelle aus zuschauten, hieben die frischgebackenen Matrosen aufeinander ein und versuchten, sich gegenseitig ins Wasser zu stoßen. Zahlreiche Opfer mussten aus dem See gezogen werden, keine der Parteien wollte sich geschlagen geben. Also setzte man den Kampf zu Lande fort. Die Spandauer verteidigten sich so verbissen, dass Berlin und Cölln die Segel streichen und nach Hause laufen mussten, worauf der Kurfürst die Spandauer mit den unvergessenen Worten lobte: „Kinder, ihr hab euch brav geschlagen!" Tatsächlich aber war er tief erbost, war doch insgeheim vereinbart worden, selbstverständlich Cölln-Berlin den Siegerkranz zu überlassen. Die Spandauer aber sind

Der Himmel über Spandau

offensichtlich für solche Schiebungen nicht zu haben gewesen. Selbst als der Kurfürst höchstpersönlich aufs Ross stieg und für die Berliner knüppelte, hieben die Spandauer zurück und brachten gar dessen Pferd zu Schaden. Das musste stellvertretend der Spandauer Bürgermeister büßen, dem der Kurfürst ein monatelanges Quartier in der Zitadelle bereitete. Typischer Fall von schlechtem Verlierer!

Spandau ist eine lebendige Stadt. Warum sie nicht zur Hauptstadt Preußens gewachsen ist, mit ihrem Zusammenfluss von Havel und Spree und der mächtigen Zitadelle? Ursprünglich hieß der Ort mal Spandow und outet sich damit als slawische Siedlung. Die Orte auf „-ow" findet man häufig an den Havelufern. Das „w" ist stumm, weshalb man bei jeder Ortsnennung einen so überraschten Gesichtsausdruck bekommt: „Oh!" Das „-ow" kann verschiedene Bedeutungen haben: Es kann den Ort eines Soundso bezeichnen, sich aber auch auf eine geographische Besonderheit beziehen. Manchmal hat man eine ursprünglich deutsche Stadt, die auf „-au" endete, womit eine Stelle am Wasser, eine Flussau, gemeint war, in „-ow" umbenannt.

Ein ziemliches Kuddelmuddel. Die Slawen übrigens sprechen das „w" wie ein „w", schreiben es aber als „v". Krakov, zum Beispiel.

Dem Wissenschaftler Adriaan von Müller ist es gelungen, in Spandau eine Hafenanlage aus dem 11./12. Jh. nachzuweisen – der erste archäologische Beweis, dass auch die Slawen schon die Havel als Wasserstraße genutzt hatten. Auch konnten Reste von Brückenkonstruktionen beidseits des Burgwalls gefunden werden, Teil einer alten slawischen Straße, die von Magdeburg über Brandenburg, Spandau und Köpenick bis nach Posen führte.

Ich schaue von der Brücke nochmal hinüber zum Juliusturm. Wäre er nur 10 m höher, entspräche seine Höhe mit 40 m ziemlich exakt dem Gesamtgefälle der Havel von der Quelle bis zur Mündung. Ab Spandau nimmt sie ihren Lauf durch das Berliner Urstromtal, das die gesammelten Gletscherwasser der Endmoränen aufnahm. Ihre Steigung ist nun noch geringer, nur noch durchschnittlich 5 cm Höhe auf 1 km Länge, das heißt, würde man eine Treppe entlang der Havel bauen, müsste man nur jeden vollen Kilometer eine Stufe in Höhe einer aufgestellten Streichholzschachtel bauen. Erstaunlich!

Ich blicke lange auf die Stelle, an der sich die Wellen von Havel und Spree vermischen und dabei ein Dreieck bilden. Ob Berlin ohne diesen Zusammenfluss geworden wäre, was es ist? Aus drei Himmelsrichtungen konnten die Waren nach Berlin gelangen, ein entscheidender Standortvorteil. Welcher der Flussabschnitte wohl der wichtigste gewesen ist? Wohl der, der noch vor mir liegt. Dieser weist zur Elbe, nach Hamburg, zum Tor der Welt.

Viele triviale Gebrauchsgüter sind über die Havel geschifft worden, manche Transporte aber haben Geschichte geschrieben. Einer dieser besonderen Transporte steht im engsten Zusammenhang mit Heinrich Schliemann.

Der Schatz des Priamos

„Ich unseliger Mann! Die tapfersten Söhn' erzeugt ich / Weit in Troja umher, und nun ist keiner mir übrig!" So lässt Homer in der Übersetzung des Havelquellenanwohners Johann Heinrich Voß den unglücklichen Priamos klagen, den sechsten und letzten König Trojas, wenn man der Mythologie Glauben schenken darf. Alt und gebrechlich musste Priamos erleben, wie Troja fiel, musste kummervoll die geschändete Leiche seines geliebten Sohnes Hektor von den Griechen erbitten. Den verschütteten Schatz des Priamos zu finden, auch dazu hatte sich Schliemann aufgemacht. Am Morgen des 31. Mai 1873 machte er in Troja einen einzigartigen Fund: „Hinter der letzten (Mauer) legte ich in 8 bis 9 m Tiefe die vom Skaeischen Tor weitergehende trojanische Ringmauer bloß und stieß beim Weitergraben auf dieser Mauer und unmittelbar neben dem Hause des Priamos auf einen großen kupfernen Gegenstand höchst merkwürdiger Form, der umso mehr meine Aufmerksamkeit auf sich zog, als ich hinter demselben Gold zu bemerken schien. (…) obgleich es noch nicht Frühstückszeit war, so ließ ich doch sogleich ‚païdos' ausrufen und während meine Arbeiter aßen und ausruhten, schnitt ich den Schatz mit einem großen Messer heraus."

Schliemann barg den Schatz, den er dem Priamos zuordnete. Nicht nur bei seiner Bergung musste er tricksen, auch beim Transport aus der Türkei hinaus: Vereinbart war, dass Schliemann den Osmanen die Hälfte aller Fundstücke abgab. Schätze können korrumpieren, diese Erfahrung machten nicht nur die Nibelungen mit ihrem Ring, sondern auch Frodo, Gollum et al. im „Herr der Ringe". Schliemann meldete seinen Fund nicht, sondern schaffte ihn heimlich über die Grenze nach Athen. Dort wollte er ihn in einem privaten Museum ausstellen und im Gegenzug Grabungslizenzen für Olympia und Mykene erhalten. Doch die Griechen ließen sich nicht darauf ein. So bot Schliemann den Schatz dem Louvre an, ebenfalls erfolglos, worauf er sich an die Eremitage St. Petersburg wandte – mit gleichem Ausgang. Nur die Briten zeigten Interesse, drei Jahre stellten sie den Schatz in London aus. Schließlich gelang es dem großen Berliner Arzt und Politiker Rudolf Virchow, Schliemann zu überzeugen, seinen Fund dem deutschen Volk zu schenken. In Kisten gut verpackt ging die Fahrt von der Themse über die Nordsee zur Elbe und dann die Havel hinauf nach Berlin, zunächst ins neuerrichtete Kunstgewerbemuseum, 1885 dann in das Museum für Völkerkunde. Auch dort aber sollte der Schatz des Priamos nicht zur Ruhe kommen: Am 30. Juni 1945 flogen Trojas Fundstücke an Bord des ersten Beutefliegers von Berlin nach Russland, wo sie wieder ihr altes Schicksal ereilte: Sie verschwanden erneut in der Versenkung. Erst 1987 sickerten Gerüchte durch, der Schatz befände ich im Depot des Puschkin-Museums. Immerhin aber wurden die Kostbarkeiten daraufhin wieder der Öffentlichkeit präsentiert; eine Rückgabe schließen die Russen aber weiter kategorisch aus. Auch die Türkei meldete Ansprüche an – nicht ganz zu Unrecht, hatte Schliemann sie doch damals ziemlich hinters Licht geführt.

Schmuck aus dem Schatz des Priamos

Wohl einem Zufall ist es zu verdanken, dass man in Berlin wieder einen Teil des Priamos-Schatzes bewundern kann. In einer Vitrine des Neuen Museums hübsch präsentiert glänzen silberne Gefäße, die Schliemann in Troja eigenhändig ausgegraben hatte. Wie gelangten sie zurück nach Berlin? 1977 beschlossen die Russen, einen Teil des riesigen deutschen Beutekunstfundus per LKW in den Bruderstaat DDR zu transferieren, und entschieden sich für Teile der weniger wertvoll erscheinenden Afrika-Sammlung. In Ost-Berlin angekommen stellte man jedoch fest, dass die Sachen aus dem Berliner Völkerkundemuseum stammten. Das aber liegt in West-Berlin, und um aus der Sache kein Politikum zu machen, beschloss man, die Kisten lieber verschlossen zu lassen und sie nach Leipzig ins Depot des Grassi-Museums zu schaffen. Nach der Wende brach man die Kisten auf und machte eine sensationelle Entdeckung: Neben der Afrika-Sammlung fand man Silbergefäße aus dem Schatz des Priamos! Da musste wohl ein russischer Beutekunstbewacher nicht so genau hingeschaut haben.

Weiter geht's nach Spandau hinein. Die St. Nicolai-Kirche ist leider nicht zu besichtigen, ein Orgelstimmer braucht Ruhe für seinen diffizilen Job. Schade, den reich mit Skulpturen versehenen Altar hätte ich mir gerne angesehen und auch den alten Taufkessel und die Barockkanzel. Aber auch von außen ist die immerhin über 500 Jahre alte Kirche sehenswert. Das Gotische Haus, nicht weit entfernt, gilt als das älteste Wohnhaus Spandaus und beherbergt das Stadtmuseum. Ich radle weiter und komme durch die Wilhelmstadt, die genauso aussieht; noch manches alte Haus aus der Gründerzeit zeugt vom Selbstbewusstsein jener Epoche. Südlich von Spandau wird die Havel von zwei Halbinseln eskortiert, bevor sie sich in die Scharfe Lanke ergießt, eine Bucht im Berliner Ortsteil Wilhelmstadt. Von einem kleinen Ufervorsprung kann ich die Stelle deutlich erkennen.

An der Kette die Havel entlang

Es gibt viele Möglichkeiten, sich auf einem Fluss vorwärtszubewegen. Der Klassiker ist, zum Ruder zu greifen und zu paddeln. Mit einem kleinen Kahn geht das ganz munter, will man jedoch Lasten transportieren, kommt man schnell ins Schwitzen. Darum haben die Schiffer früherer Zeiten ein Seil an ihr Boot gebunden, das vom Ufer aus gezogen wurde, von Menschen, besser jedoch noch von Tieren. Auch die Havel ist man so entlanggetreidelt. Schwierig wird das Treideln, wenn sich Hindernisse in den Weg stellen, enge Brücken zum Beispiel, oder wenn die Ufer schwer zugänglich und sumpfig sind. So tüftelte der Mensch an neuen Möglichkeiten. Mit der Erfindung der Dampfmaschine kam man schnell auf die Idee, auch die Flussschiffe damit anzutreiben. Dafür hatte ein deutscher Ingenieur in Frankreich eine spezielle Methode entwickelt, die man 1882 auch in Berlin anzuwenden begann. Man verlegte eine 22 km lange Kette mitten im Bett von Havel und Spree, von der Pichelsdorfer Gemünde, dort, wo sich die Havel zum Wannsee erweitert, über Spandau die Spree hinauf bis zur Kronprinzenbrücke, wo man die Kette um einen Brückenpfeiler wickelte. Drei Kettenschleppschiffe waren im Einsatz, welche sich entlang der Kette den Fluss entlangzogen, „Havel II" und „Havel III" entlang der Spree, die zierlichere „Havel I" entlang der Havel, wo die niedrigen Spandauer Brücken Feinarbeit notwendig machten. Die nur gute 2 cm starke Kette wurde vorne an Bord geholt, über das Räderwerk einer Dampfmaschine laufen gelassen und hinten wieder im Fluss versenkt. Das Zugschiff war so kräftig, dass es locker drei Schleppkähne hinter sich her ziehen konnte, ein raffiniertes System, das jedoch nur gute zehn Jahre im Einsatz war. Den meisten Schiffern war die Schleppgebühr schlicht zu hoch, sie treidelten lieber weiter und benutzten unter den Havelbrücken die billigen Winden, auch wenn sie es viel bequemer hätten haben können.

Hätte, hätte, Schleppschiffkette ... Nicht jede Erfindung überlebt die Jahrhunderte. Das Fahrrad allerdings hat sich erstaunlich lange gehalten. Selbst die Motorisierung konnte es nicht kaputtkriegen. Natürlich, so ein Motorrad hat mehr Sachen drauf, man kommt schneller an. Aber dafür sieht man auch nicht so viel. Schöne Fahrräder wurden in Brandenburg an der Havel hergestellt, die Brennabor-Werke, dahin komme ich noch, auch Motorräder gab's von dieser Traditionsfirma, sogar Kinderwägen. Schön aber sind auch die Havel-Motorräder, die man in Spandau zusammenschmiedet. Drei Buchstaben sind es, die die Fans verzücken: BMW. Dass die Bayern ihre Motorradproduktion von der Isar an Spree und Havel verlegt hatten, hat wohl politische Gründe. Die Bundesrepublik wollte Westberlin am Leben halten und bot Firmen günstige Bedingungen an. Da haben die Bayern mal kurz ihre Preußenwitze vergessen und eine hübsche Fabrik hochgezogen.

Meine Beschleunigung muss ich so ganz ohne Motor aus den Waden zaubern, und die sind schon ziemlich abgeschlafft. Ein kleines Fußbad täte gut. Es ist wieder wunderbar grün geworden, hier am Ufer der Scharfen Lanke. Auf der Suche nach einem Zugang zum Wasser werde ich schnell fündig. Ich schlüpfe aus den Schuhen und wate in den See hinaus. Drüben, auf der anderen Seite, ist eine Halbinsel zu erkennen mit einer hohen Säule darauf.

Die Schildhornsage

„Hilf! Triglaw! Zu Hilf! / Mein Ross, nun halt aus! / Mein Rappe, er sinkt! – / Weh, Morzana mir winkt! / Ha, du armselig Bild! Es grinst wie Spott / Mich die Fratze des Triglaw an! – / O dann hilf du mir, mächtiger Christengott! / Gott am Kreuze, ich flehe dich an!"

An der Zahl der Ausrufezeichen wird klar: Die Szene, die uns Paul Risch in seinem im Jahr 1900 entstandenen Gedicht schildert, ist dramatisch, ja lebensgefährlich. Und so war es auch tatsächlich, wenn man der Legende Glauben schenken darf. Der stolze Jaxa von Köpenick, der als heidnischer Slawenfürst über die Gegend herrschte, musste einst vor Albrecht dem Bären, einem Christen aus dem Geschlecht der Askanier, fliehen. Von der gerade eroberten Burg Brandenburg vertrieben, galoppierte Jaxa mit zwei Begleitern Richtung Osten, wo sich ihm die zu einem See verbreitete Havel in den Weg stellte. Den entschlossenen Albrecht im Nacken trieb er seinen Rappen ins Wasser hinein. Doch der See war tiefer als erwartet, Ross und Reiter gerieten in arge Not. Verzweifelt rief Jaxa seine slawischen Götter an, Morzana und Triglaw, doch die verweigerten ihm jegliche Unterstützung. Was tun? Sollten die Christen doch Recht haben? Gab es tatsächlich nur einen einzigen Gott, den so unglücklich am Kreuz geopferten Christus? Jaxa entschied sich blitzschnell, die Probe zu machen – mit Erfolg! Kaum hatte er den Christengott angerufen, wurde er wieder emporgetragen, sein Pferd fasste Grund und sie gelangten lebend ans andere Ufer. Mit großer Dankbarkeit und noch größerer Erleichterung hängte Jaxa Schild und Horn an einen Baum und schwor Christus ewige Treue. Wahr oder nicht wahr – unstrittig ist, dass das Jahr 1157, in dem Albrecht der Bär das Land in Besitz nahm, als Gründungsjahr der Mark Brandenburg gilt. Und die Uferstelle an der Havel, der man den Namen Schildhorn gab, kann man mit Fug und Recht als ihren Geburtsort bezeichnen.

Schildhorndenkmal von Eduard Gaertner

Ich plantsche noch ein wenig im angenehm kühlen Wasser der Scharfen Lanke. Von hier also wird er losgeritten sein, Jaxa, der Slawe. Als Heide ging er ins Wasser, als Christ kam er wieder heraus. Eine Angsttaufe, sozusagen.

Berlin: Steglitz-Zehlendorf

Eine halbe Stunde später sitze ich gemütlich bei einer Radlerhalben in einem fast bayrisch anmutenden Biergarten und warte auf die Fähre der Berliner Verkehrsbetriebe, die mich über den Wannsee nach Wannsee schippert. Man braucht dazu eine reguläre Fahrkarte, die bekomme ich auf dem Schiff, ein modernes Teil, der Aufbau fast

Pack die Badehose ein ...

gänzlich aus Glas. Ein freundlicher Berliner erklärt mir die Umgebung. Die Insel zur Linken, das sei Schwanenwerder. Brad Pitt habe dort für seine Angelina ein Haus kaufen wollen, sei aber dann wohl doch in eine City-Lage ausgewichen. Bei dem mächtigen, langgezogenen Bauwerk, das nun auftaucht, handle es sich um das alte Strandbad Wannsee. 40.000 Berliner hätten dort zur besten Zeit gleichzeitig geplantscht. Ich würde doch noch den alten Schlager kennen: „Pack die Badehose ein, nimm dein kleines Schwesterlein und dann nisch wie raus nach Wannsee ..." Klar, kenne ich. Conny Froboess, oder?

„Wo wollen Sie denn heute noch hin?" – „Nach Babelsberg." – „Babelsberg? Da müssen Sie unbedingt bei Lena zu Abend essen." – „Bei Lena?" – „Bulgarin. Wenige Gerichte, aber alles vom Feinsten." Ich danke für den Hinweis, dann sind wir auch schon drüben. Ich verabschiede mich von meinem Reiseführer und rolle das kleine Stück nach Schwanenwerder zurück. Nicht Brad Pitt, auch nicht Angelina Jolie hoffe ich dort zu treffen, ich will nur einen Blick auf die Brücke werfen, denn die hat eine besondere Geschichte. Eigentlich hieß die

Insel, die sich heute völlig im Besitz von Privatleuten befindet, einmal Sandwerder. Das klang dem Besitzer zu unpoetisch und daher wenig verkaufsförderlich, so dass Kaiser Wilhelm II. die Erlaubnis erteilte, sie in Schwanenwerder umzutaufen. Der vielleicht berühmteste und zugleich berüchtigtste Inselbewohner ist Joseph Goebbels gewesen. Er hatte sich ein Ufergrundstück günstig unter den Nagel gerissen, als die jüdischen Vorbesitzer flüchten mussten, residierte auf Schwanenwerder wie ein Fürst, gab rauschende Feste und umgab sich mit allem, was in Künstlerkreisen Rang und Namen hatte, besonders mit den weiblichen Stars von den nahen Ufa-Filmstudios. Den „Bock vom Babelsberg" nannten ihn die Berliner. Goebbels war es, dem die Idee gekommen war, die Bücher missliebiger Dichter verbrennen zu lassen. In ewiger Erinnerung wird auch die Rede bleiben, in der er die tosenden Berliner fragte: „Wollt ihr den totalen Krieg?"

Einer, der den Krieg nicht wollte, ihn verabscheute wie die ganze Politik der Nazis, war der Wissenschaftler Hansheinrich Kummerow. Der gebürtige Magdeburger hatte in Berlin sein Abitur gemacht und es an der Technischen Hochschule zum Doktor der Ingenieurwissenschaften gebracht. Mit der Chemie kannte er sich genauso gut aus wie mit der Physik, hatte als Chefingenieur bei der „Glasglühlicht-Auer-Gesellschaft" gearbeitet und danach im Entwicklungsbüro der „Loewe-Radio-AG". Was aber war das Radio noch wert, nachdem Hitler an die Macht gekommen war? Nur noch einen Einheitssender konnte man empfangen, mit dessen Hilfe die Nazis die Hörer manipulierten. Als Meister der Agitation erwies sich dabei Goebbels, ein Kriegstreiber und Menschenrechtsverbrecher der Extraklasse. Kummerow empfand einen furchtbaren Abscheu, ja Ekel vor diesem Mann, litt darunter, was Goebbels durch das Radio hinausposaunte, all die Lügen, die Verdrehungen, die Hetze. Man konnte, man durfte doch nicht zusehen, was die Nazis da trieben, wie sie alles in den Untergang rissen! So schloss er sich einer Widerstandsgruppe an. Als Ingenieur hatte er Zugang zu geheimen Rüstungsplänen, die er unter Lebensgefahr kopierte und an die Alliierten weiterreichte. Doch das alleine reichte ihm nicht. Es musste noch ein deutlicheres Signal gesetzt werden, ein

Zeichen, das allen Nazigegnern Mut machte. So fasste der junge Ehemann einen waghalsigen Plan: Er wusste, wo Goebbels wohnte, wusste, dass die Schwaneninsel nur über eine einzige Brücke zu erreichen war, über die der perfide Massenbeschwörer hinweg musste. Das Sprachrohr Hitlers, die Stimme des Todes musste endlich, endlich zum Schweigen gebracht werden.

Technisch versiert begann Kummerow damit, einen Bombe zu bauen. Als er damit fertig war, verkleidete er sich als Angler und begab sich an den Wannsee. Es war ein Maientag im Jahr 1942, früher Morgen. Entlang des Seeufers lief der mutige Ingenieur bis zu der Brücke, die nach Schwanenwerder führte. Dort machte er halt, sah sich um und befestigte so geschwind er konnte seine Bombe an der Brückenkonstruktion. Nun musste er nur noch Goebbels' Wagen abpassen. Doch das Wachpersonal des Einpeitschers war aufmerksam, entdeckte den Attentäter, bevor er fliehen konnte. Man nahm ihn fest, verurteilte ihn zum Tode. Auch seine junge Frau Ingeborg verschwand im Gefängnis, 1943 enthauptete man sie in Plötzensee, zum Entsetzen ihres Mannes. 1944 wurde auch er mit dem Fallbeil umgebracht. Den Nazis ist es gelungen, den versuchten Anschlag weitgehend geheim zu halten. Niemand sollte erfahren, dass es in Deutschland einen entschiedenen Widerstand gab, niemand sollte ermuntert werden, es Kummerow nachzutun. Schade, aber ich kann an der Brücke keine Gedenktafel entdecken, die an das Ehepaar erinnert. In Magdeburg zumindest gab es eine Hansheinrich-Kummerow-Straße, doch die wurde 1990 umbenannt.

Nicht weit von der S-Bahn-Station Wannsee, direkt am Kleinen Wannsee liegt mein nächstes Ziel.

Das Grab des Heinrich von Kleist

„An den Ufern der Havel lebte um die Mitte des 16. Jahrhunderts ein Rosshändler namens Michael Kohlhaas, Sohn eines Schulmeisters, einer der rechtschaffensten zugleich und entsetzlichsten Menschen seiner Zeit." An den Ufern der Havel starb zu Beginn des 19. Jhs. außerdem der Dichter dieser berühmten Zeilen, Heinrich von Kleist, einen viel zu frühen und zugleich entsetzlichen Tod. Am Stolper Loch, wie der Kleine Wannsee damals hieß, erschoss er zunächst seine krebskranke Begleiterin Henriette Vogel und dann sich selbst, am 21. November 1811, im Alter von gerademal 34 Jahren. Innerlich „so wund, dass mir, ich möchte fast sagen, wenn ich die Nase aus dem Fenster stecke, das Tageslicht wehe tut, das mir darauf schimmert", nahm er von einer Welt Abschied, die ihm und seinen Werken keine Chance geben wollte. Seinen „Prinz von Homburg" hatte man verboten, seine Berliner Zeitung ebenfalls, ein Brotberuf im Staatsdienst ist ihm nicht gewährt worden. Was hat Kleist sich vom Leben versprochen, wonach hat er sich gesehnt? „Der Himmel versagt mir den Ruhm, das größte der Güter der Erde!", hatte er 1803 an seine Schwester geschrieben. Der jüdische Dichter Paul Ring gab darauf folgende Antwort, hineingemeißelt in Kleists Grabstein:

> „Er lebte, sang und litt
> in trüber, schwerer Zeit.
> Er suchte hier den Tod
> und fand Unsterblichkeit."

Hätte Heinrich von Kleist nur etwas Geduld bewiesen, etwas länger durchgehalten, in die Zukunft blicken können – die Nachwelt sollte ihm glorreiches Andenken bereiten.

Das literarische Vorbild für Michael Kohlhaas, der Kaufmann Hans Kohlhase, lebte nicht an den Ufern der Havel, sondern an den nahen Ufern der Spree. Von seiner Heimat Cölln, heute ein Teil Berlins, brach er 1532 zu einer Reise nach Leipzig auf, um dort Pferde zu verkaufen. Unterwegs kam es zum Streit mit einem Grafen, der zwei seiner Pferde frech beschlagnahmte, worauf Kohlhase in maßlose Wut geriet und zu Rachefeldzügen aufbrach. Letztlich musste auch Kohlhase, wie Kleists trauriger Held, seine Unbeherrschtheit mit dem Tode bezahlen, man richtete ihn zu Berlin.

Nicht weit entfernt fand ein weiteres großes Dichtertalent den Tod, ebenso tragisch, aber sicher höchst unfreiwillig.

Zwei Schlittschuhfahrer

Zwei Männer, beide 25 Jahre jung. Vorneweg Ernst, der etwas größere, ein schlanker Mittelblonder, mit einem ernsten und zugleich leicht verträumten Ausdruck auf dem Gesicht, ihm auf den Fersen sein Freund Georg, dunkle, tiefliegende Augen, schmale Nase, die sonst so blassen Wangen von der Kälte gerötet. Ernst hat Romanistik und Anglistik studiert, Georg auf Drängen des Vaters Jura. Beide aber haben nur eins im Kopf: die Liebe zur Dichtkunst. Nicht mehr wie die Alten wollen sie schreiben, nicht in romantischer, rückwärtsgewandter Weise. Die neue Zeit mit ihren gigantischen Maschinen, ihren krebsartig wachsenden Städten, dem Lärm des Verkehrs, den rußschwarzen Fabriken, den rauchenden Schloten, der Verelendung der Massen, von einer Zeit der Beschleunigung und Getriebenheit, dem Wettrüsten zu einem nie gekannten Krieg, einer Zeit neuer Vergnügungen und Versuchungen auch – all das verlangt eine neue Sprache, harte, schmerzende, auch schockierende Verse, verlangt ausdruckstarke, ungeschminkte Bilder, ungestüme, wilde Worte.

Ungestüm und wild ist auch der Charakter von Georg Heym, ein echter Bürgerschreck. Einmal ist er auf dem Wannsee in voller Montur von Bord gesprungen und hat die Ausflügler mit Schüssen aus einem Heeresrevolver erschreckt. Mit seinem Vater, einem konservativen Anwalt, hat er sich oft heftige Auseinandersetzungen geliefert, hat den Vater sogar einmal im Badezimmer eingeschlossen. Seine juristische Staatsprüfung hat der junge Dichter nur mit einem Trick bestanden: Den Zettel mit dem Thema steckte er in eine Glühstrumpfhülse und warf sie heimlich aus dem Fenster. Unten warteten vier Juristenfreunde, die ihm die fertige Arbeit in einer Provianttüte bringen ließen. Empfindlich konnte Heym reagieren, wenn bei einer seiner Lesungen jemand an unpassender Stelle lachte. Diesen Störenfried warf er eigenhändig hinaus.

Ein erster Gedichtband Heyms ist gerade erschienen, bei dem jungen Verleger Rowohlt, hat für erhebliches Aufsehen gesorgt. Viele etablierte Kritiker haben seine Art zu dichten scharf kritisiert, sie als Sudelei, als „undeutsch" verrissen. Doch die Jüngeren sind ins

Abendstimmung am Wannsee

Schwärmen geraten, haben den Beginn einer neuen Epoche ausgerufen, die Zeit des Expressionismus. Ein besonderes Gefühl, seine eigenen Gedichte gedruckt zu sehen. Dennoch weiß Heym nicht, wohin sein Weg führen soll. Von der Dichtkunst zu leben, wer kann das schon? Klar ist ihm nur, die Juristerei kommt nicht länger infrage. Im letzten Sommer hat er sich verliebt, in Hildegard, ein hübsches Mädchen mit dunklen Haaren, er schreibt nun viele Liebesgedichte.

Verliebtheit beflügelt, leichter noch gleitet man über das Eis dahin, Georg folgt Ernst mühelos. Auch er, Ernst Balcke, dichtet im neuen Stil. Nicht so erfolgreich wie Georg, aber das trübt ihre Freundschaft nicht. Übermütig laufen sie weiter hinaus, die Biegungen der Havel entlang, versuchen sich in neuen Übungen, drehen sich, wirbeln im Kreis. Dann aber geschieht das Unfassbare. Ernst gerät an eine Stelle, an der das Eis dünner wird. Wie Peitschenhiebe zischt es zu seinen Füßen, dann beginnt es gefährlich zu knacken, Ernst bricht ein. Im eiskalten Havelwasser versinkt er, versucht, sich an den Kanten der Schollen hinaufzuziehen, vergebens, das Eis bricht unter ihm weg. Bleib weg, Georg, rette dich! Auch du wirst den Tod finden! Doch Georg denkt nicht daran. Was soll er auch tun? Aus sicherer Entfernung zusehen, wie der Freund versinkt? So behutsam wie möglich fährt er auf die Stelle zu, wo Ernst zu ertrinken droht, wirft sich der Länge nach hin, streckt seine Hand aus. Komm, halte dich fest, ich zieh dich raus! Doch das Eis will nicht tragen, bricht nun auch unter Georg ein. Zusammen versinken sie in den Eiswassern der Havel, können nur noch tot geborgen werden.

Ob es sich genau so abgespielt hat? Wer will es sagen, Augenzeugen gab es keine. Die beiden jungen Dichter hatten sich fröhlich verabschiedet, um ihre Schlittschuhtour zu machen. Fest steht, nicht weit von der Havelinsel Schwanenwerder hatte man für die Wasservögel das Eis aufgebrochen. Die Vögel wollte man retten, die beiden Dichter aber fanden den kalten Tod. Erst Tage später fand man die Leiche Georg Heyms, drei Wochen später die seines Freundes. Eines der eindrucksvollsten Gedichte über die Havel haben wir Georg Heym zu verdanken:

> **Dampfer auf der Havel**
> Der Dampfer weißer Leib. Die Kiele schlagen
> Die Seen weit in Furchen, rot wie Blut.
> Ein großes Abendrot. In seiner Glut
> Zittert Musik, vom Wind davongetragen.
> Nun drängt das Ufer an der Schiffe Wände
> Die langsam unter dunklem Laubdach ziehn.
> Kastanien schütten all ihr weißes Blühn
> Wie Silberregen aus in Kinderhände.
> Und wieder weit hinaus. Wo Dämmrung legt
> Den schwarzen Kranz um einen Inselwald,
> Und in das Röhricht dumpf die Woge schlägt.
> Im leeren Westen, der im Mondlicht kalt,
> Bleibt noch der Rauch, wie matt und kaum bewegt
> Der Toten Zug in fahle Himmel wallt.

Unwillkürlich läuft einem ein Schauer über den Rücken. Mit dem Tod des jungen Georg Heym war die gerade erblühte Pflanze des deutschen Expressionismus schon wieder verwelkt und mit ihm der

„Neue Club", eine Vereinigung junger Dichter, die sich in den Hackeschen Höfen getroffen hatten. 1994 brachte man eine Gedenktafel in den neu errichteten Höfen an, auf der ein seltsamer Satz zu lesen ist: „Ich hab am Wannsee Rosen gepflückt und weiß nicht, wem ich sie schenken soll." Der Satz stammt von Jakob von Hoddis, einem der Dichterfreunde Heyms vom „Neuen Club". Hoddis war ein hochsensibler Mensch, seelisch nur wenig belastbar. Gegen seinen Willen wurde er in ein psychiatrisches Krankenhaus eingewiesen, das er nur noch selten verlassen hat. Die Nazis deportierten ihn im April 1942 in ein Massenvernichtungslager, wo er der Euthanasie zum Opfer fiel. Die letzten Jahre seines Lebens soll er immer nur diesen einen Satz gesagt haben. Keiner konnte damit etwas anfangen, dennoch wiederholte er ihn wieder und wieder: „Ich hab am Wannsee Rosen gepflückt und weiß nicht, wem ich sie schenken soll." Wer weiß, vielleicht steht dieser Satz im Zusammenhang mit dem Ertrinkungstod seiner beiden Freunde? Es würde durchaus zu Hoddis passen, noch in der Zeit der Umnachtung seinem Leiden in poetisch-expressiver Weise Ausdruck verliehen zu haben. Aus seiner Feder stammt das vielleicht bekannteste expressionistische Gedicht deutscher Sprache: „Dem Bürger fliegt vom spitzen Kopf der Hut. In allen Lüften hallt es wie Geschrei. Dachdecker stürzen ab und gehen entzwei. Und an den Küsten – liest man – steigt die Flut ..."

Ich mogle wieder ein bisschen und fahre einen kleinen Schlenker, direkt am Ufer des Großen Wannsees entlang, kurz den Hügel hinab, dann bin ich schon da. Liegt alles dicht beisammen hier am Wannsee.

Max Liebermann

Ich trete einen Schritt zurück und sehe zum Fenster hinaus. Da liegt er fast genau so vor mir, wie ihn Max Liebermann gemalt hat, glitzernd, in flirrendem Licht der späten Nachmittagssonne. Der Wannsee. Liebermanns Villa, Baujahr 1909, ist vielleicht eines der schönsten Häuser an den Ufern der Havel. Stolz war der Maler darauf, es mit dem selbstverdienten Geld gebaut zu haben, nicht vom Erbe seines Vaters, der einer der erfolgreichsten Bankiers Berlins gewesen ist. Gleich neben dem Brandenburger Tor ist Max Liebermann aufgewachsen. Er gilt als einer der bedeutendsten deutschen Impressionisten. Seine Bilder unterscheiden sich von den französischen Vorbildern, sind nicht von so ungestümer Farbigkeit, die Töne sind gedeckter, ernster auch. Und doch entsprechen sie dem gleichen Lebensgefühl, der Huldigung des Augenblicks. Vielen scheinbar gewöhnlichen Motiven hatte er sich zugewandt, viele Bürger rümpften darüber die Nase. Gänserupferinnen darzustellen, wie gewöhnlich! – Eben nicht! Gerade nicht gewöhnlich, sondern im Gegenteil höchst ungewöhnlich. Nicht das Leben in den Salons interessierte Liebermann, sondern die Natur und die einfachen Leute. Natürlichkeit, Anmut und Spontaneität suchte und fand er im Volk und auf dem Lande, hielt die Eindrücke auf der Leinwand fest.

Nicht weit entfernt, am Ende der Straße liegt ein weiteres Museum, das Haus der Wannseekonferenz. Am 20. Januar 1942 kamen in der Protzvilla 15 hochrangige Vertreter der Nazis zusammen. Reinhard Heydrich, SS-Obergruppenführer, führte den Vorsitz. Er teilte den Herren mit, dass ihn Göring zum Beauftragten für die Vorbereitung der Endlösung der europäischen Judenfrage bestellt habe. Mit bürokratischer Gründlichkeit beriet man die Pläne zur Tötung von Millionen von Menschen. Bei der Durchführung sollte Europa von Westen nach Osten durchkämmt werden, deutsche Juden sollten zunächst in Durchgangsghettos und von dort weiter in den Osten transportiert werden. „In großen Arbeitskolonnen, unter Trennung der Geschlechter, werden die arbeitsfähigen Juden straßenbauend in diese Gebiete geführt, wobei zweifellos ein Großteil durch natürliche Verminderung ausfallen wird." Die Sprache des Protokolls lässt einem noch heute das Blut gefrieren. An jedes Detail hatte man gedacht. Was die Nazis besonders nervte, waren Bittbriefe besorgter Bürger, die sich für ihre jüdischen Nachbarn einsetzten. Das sei doch kein Verbrecher, das sei doch ein guter Jude! Der habe doch im Ersten Weltkrieg gekämpft, sei kriegsversehrt, trage das Eiserne Kreuz ... Alle diese Fälle beschloss die Konferenz nach Theresienstadt bringen zu lassen,

Haus der Wannseekonferenz

damit würden „mit einem Schlag alle Interventionen ausgeschaltet". Die Sitzung dauerte nicht lange, die Aufgaben waren verteilt, jeder wusste, was er zu tun hatte. Bedenken? Einwände? Entsetzen? – Wieso? Man war doch nur Befehlsempfänger.

Eine scheußliche Zeit. Ich schalte in einen niedrigen Gang und strample wieder den Hügel hinauf zum Havelradweg. Der führt mich nun durch einen selten schönen Wald zurück ans Ufer hinunter, wo eine kleine Fähre auf mich wartet.

Von der Erotik der Pfaueninsel

Viele Inseln haben etwas Erotisches, wer möchte das bestreiten? Die Abgeschiedenheit von der Außenwelt schafft eine besondere Intimität, mit dem Übersetzen vom Festland verabschiedet man sich von den Sorgen des Alltags, die Seele öffnet sich, wird weiter, bereit für die Abenteuer der Liebe. So erging es auch dem jungen preußischen

Thronfolger Friedrich Wilhelm, dem Neffen Friedrichs des Großen. Über beide Prinzenohren verliebt, ruderte er sein hübsches Mädchen über den Wannsee, hinüber zur Pfaueninsel. Wie silbern glänzte ihr Haar im Mondenschein! Minna war nur ein einfaches Mädchen aus dem Volke, die Tochter eines Hornisten, aber was machte das schon? Sollten die Leute reden, was sie wollten. Man verliebt sich doch nicht in einen Adelstitel, sondern nur in einen Menschen aus Fleisch und Blut. Die Pfaueninsel war ihr Versteck, ihr Elysium. Hier gingen die beiden auf Entdeckungsreise, entdeckten die Freuden der Liebe und sich selbst in der Leidenschaft des anderen. Minna war erst zarte 15 Jahre, als sie ihr erstes Kind gebar. Zusammenleben durften die beiden nicht, nicht offiziell wenigstens, die strenge Etikette jener Zeit verbot eine solche Liaison. Die Staatsräson forderte, dass sich der Prinz standesgemäß verheiratete, nur Kinder der Vernunft wurden als Thronfolger anerkannt, Kinder der Liebe gingen leer aus. Friedrich Wilhelm aber hielt seiner Minna weiter die Treue, auch wenn er hin und wieder ins Ehebett hüpfen musste. Minna war und blieb seine große Liebe, und schließlich wurde sie auch offiziell als königliche Maitresse anerkannt. Ihr Lieblingsort blieb die Pfaueninsel, der Ort ihrer jungen Liebe. Hier ließ sie das Schlösschen nach ihrem Geschmack einrichten und einen hübschen Park anlegen. Die alten Eichen schonte man, nichts sollte die Idylle trüben.

Minna, eigentlich Wilhelmine von Lichtenau, wurde vom Volk auch die preußische Madame Pompadour genannt. Als Freundin der Künste nahm sie Einfluss auf die Politik, wurde zur Baumeisterin in Charlottenburg und Potsdam, sammelte wertvolle Kunstwerke und kämpfte für die Errichtung eines öffentlichen Museums. Nach dem Tode ihres Geliebten folgten bittere Jahre. Dessen rechtmäßiger Sohn, Friedrich Wilhelm III., ließ sie unter einem Vorwand festnehmen, enteignen und nach Glogau verbannen. Erst Napoleon sorgte für die späte Rehabilitierung der schönen Wilhelmine. Ob das wahre Motiv Friedrich Wilhelms III. schlichte Eifersucht gewesen ist? Ob er gespürt hat, dass sein Vater eigentlich nur seine Kinder von Wilhel-

Segelschiff vor Schloss Pfaueninsel

mine im Herzen getragen hat, seiner Jugendliebe von der Pfaueninsel? Möglich.

Nicht der Liebe wegen setzte ein früherer Preußenherrscher zur Pfaueninsel über, Friedrich Wilhelm, genannt der Große Kurfürst. War er auf der streng abgeschirmten Insel gelandet, deren Betreten jedermann streng verboten war, stiegen bald darauf stinkende, dunkle Dämpfe von der Insel auf, giftig-gelbe bisweilen auch, die in der Abenddämmerung von dunklem Feuerschein beleuchtet wurden. Unheimlich! Die Bauern der Umgebung stießen sich dann an und deutete zu dem Spuk hinüber: „Jetzt kochen sie wieder in der Hexenküche, der Fürst und sein Zaubermeister!" Der Zaubermeister, das war der Alchimist Johannes Kunckel. Dies war ein anerkannter Beruf in jener Zeit, eine Mischung aus frühem Chemiker und magischem Druiden. Aus Dreck Gold zu machen, danach strebten sie alle. Auch die nach dem Elend des Dreißigjährigen Krieges leere Staatskasse des Kurfürsten hätte einen solchen Goldsegen gut gebrauchen können. Aber auch wenn Kunckel die Goldformel nicht fand, so waren seine

Experimente doch durchaus erfolgreich. Seine Spezialität war die Herstellung von feinem Glas, und Glas war eine teure Sache. Gelang es, Qualitätsgläser selbst herzustellen, so konnte man auf teure Importe aus Böhmen verzichten, ja selbst zum Exporteur werden. Die Grundsubstanzen besaß man in Preußen, Sand in jeder Menge. Kunckel mischte die Schmelzmasse mit verschiedensten Metallen, erzeugte dabei wundervolle Farbnuancen, von seinem Rubinrot schwärmte bald die Welt. Gerne goss er daraus kleine Perlen; die Eingeborenen im fernen Guinea waren verrückt danach und tauschten große Kostbarkeiten dafür ein. Der Große Kurfürst war selbst den Wissenschaften verfallen und ließ sich, wann immer es ging, zur Pfaueninsel hinüberrudern, die er aus Dankbarkeit und Kalkül seinem Chefalchimisten vermacht hatte. Doch solche Experimente sind nicht ungefährlich, braucht es doch ein wahres Höllenfeuer, um die notwendigen Temperaturen zu erzeugen. Eines Tages überhitzte der Ofen und die ganze schöne Fabrik flog in die Luft und brannte bis auf die Grundmauern nieder. Kunckel war wieder ein armer Mann. Er ging in die Dienste des schwedischen Königs, der ihn aus Dankbarkeit für seine Verdienste in den Adelsstand erhob. Kunckel erhielt noch späte Anerkennung: Keineswegs für einen Spinner, sondern für einen der Größten seiner Zunft hielt ihn niemand Geringerer als Justus von Liebig, einer der Gründerväter der modernen Chemie.

Die Pfaueninsel ist auch der Ort gewesen, an dem Hitler eines der grandiosesten Feste hatte feiern lassen. Anlässlich der Olympischen Spiele in Berlin hatte er In- und Ausland zu einer rauschenden Party geladen, das größte Feuerwerk der Geschichte ließ er über dem Wannsee abbrennen. Flammen und Feuer, Blitze und Donner aber erschreckten die Gäste mehr als dass sie sie erfreuten, Hellsichtige sahen in dem Spektakel das drohende Vorspiel des kommenden Weltenbrands. Dramatische Szenen spielten sich in den letzten Tagen des Zweiten Weltkriegs auf der Pfaueninsel ab. Als einen seiner letzten Befehle hatte Hitler kurz vor seinem Freitod verfügt, sein Testament außer Landes zu schaffen. Eine Spezialtruppe bekam den Auftrag, es zur Pfaueninsel zu bringen, um es dort einem Flieger anzuvertrauen.

Potsdam – Verbindung zwischen Jungfernsee und Heiligem See

Was wohl in dem Testament gestanden hat? Was wollte Hitler denn noch vererben? Die halbe Welt und ganz Deutschland hatte er doch in Schutt und Asche legen lassen. Nur noch einen Schrotthändler hätte er beglücken können.

Potsdam

Ich setze wieder aufs Festland über, langsam bricht der Abend herein. Der Havelradweg führt am malerischen Ufer des Sees vorbei, an einer Enge taucht auf der anderen Seite die Sacrower Heilandskirche auf, ein an die italienische Renaissance gemahnendes Gotteshaus mit umlaufenden Arkaden und einem frisch restaurierten Campanile, einmal nicht von Schinkel, sondern 1844 von Ludwig Persius errichtet. Jungfernsee heißt die Havel nun. Auf einer Anhöhe liegt Schloss Glienicke, inmitten eines von Lenné kunstvoll gestalteten Parks. Auch hier herrscht Italien, ein stolzer Geschlechterturm wacht über das Schlösschen. Carl von Preußen, der dritte Sohn König Friedrich

Heilandskirche am Port von Sacrow

Wilhelms III. und Luises, „mein schönster Sohn", wie seine Mutter schrieb, hatte Schinkel gebeten, eine klassizistische Villa aus dem ehemaligen Gutshaus zu schneidern. Die vielleicht größte Tat Carls war, dass er im Revolutionsjahr 1848 in Berlin geblieben ist und sein Palais für Bürgerversammlungen zur Verfügung stellte.

Ich quere nun die nahe B1, die als ehemalige Reichsstraße 1 einmal die längste Straße Deutschlands gewesen ist, und werde dem Havelradweg ein kleines Stück untreu, muss ich doch nach Babelsberg hinüber, wo ich mein Nachtquartier gebucht habe. Der schmale Griebnitzsee, den ich dafür quere, ist im Grunde auch ein Stück Havel, kommt das Wasser doch vom Kleinen Wannsee über den Pohle- und den Stölpchensee hierher geflossen. Von der Brücke aus beobachte ich ein wildes Wettrennen zweier grüner Trabbis – auf dem Wasser: Tretboot-Trabbis! Friedliche Abendruh hingegen im Park Babelsberg. Eine maurisch anmutende Burg mit Zinnen und minarettartigem Turm direkt am Ufer leuchtet rot im Licht der tiefstehenden Sonne. Das Schloss aber liegt hoch oben im Park, wieder muss ich einen kleinen Gang einlegen und strampeln, strampeln, strampeln ... Schließlich bin ich oben.

Schloss Babelsberg

Man muss als Kind nur lange genug quengeln, damit die Eltern nachgeben. So ging es auch Friedrich Wilhelm III. mit seinem zweiten Sohn Wilhelm. Der wollte unbedingt ein eigenes Schloss haben. „Aber wir haben doch schon so viele Schlösser", wird ihm sein Papa geantwortet haben. „Aber nicht so ein schönes wie unsere Verwandtschaft in England!" Schließlich gab der Vater nach und Wilhelm, der spätere Kaiser, bekam seinen Willen. Auf dem malerischen Babelsberg, unweit von Potsdam, sollte es entstehen, Karl Friedrich von Schinkel entwarf dazu die Pläne, halb Mittelalter, halb englisch-gotischer Stil. Doch Augusta, die Frau Wilhelms, nörgelte stets aufs Neue, nie war sie zufrieden. Schinkels Pläne waren ihr zu nüchtern, sie wollte es großartiger, prächtiger. Der Architekt geriet ins Schwitzen. Mühsam einigte man sich auf einen Kompromiss, 1835 konnte der erste Teil des Schlos-

Glienicker Brücke

ses eingeweiht werden, ein gelber Backsteinbau, dessen tiefe gotische Fenster für viel Licht sorgten. Doch es war wie beim Fischer und seiner Frau: Augusta gefiel das Schlösschen nicht, sie wünschte sich etwas Größeres, das Eindruck machte. Ihr kam zur Hilfe, dass ihr Wilhelm 1840 zum Thronfolger ernannt wurde, da sein Bruder, König Friedrich Wilhelm IV., keine Nachkommen hatte. Ein solches Schlösschen für einen Thronfolger? Nein, das ging doch wirklich nicht! Ein Anbau musste her. Also wurde wieder nach Schinkel gerufen, der jedoch über den neuen Planungen starb. Sein Nachfolger und Schüler Ludwig Persius versuchte sich tapfer an die Pläne zu halten, musste sich aber Augustas Willen beugen. „Ein zentraler Tanzsaal, natürlich! Und über zwei Etagen, selbstverständlich!" Auch Persius starb über der Arbeit, nun hatte Augusta freien Lauf. Was dann entstand, das war ein kunterbuntes Durcheinander von Türmchen, Erkern und Balustraden ohne jede erkennbare Ordnung. Immerhin blieb die Retortenburg für 50 Jahre der Sommersitz von Augusta und Wilhelm. Seine Nachfolger allerdings entschieden sich für andere Ferienwohnungen.

Die wohl wichtigste politische Entscheidung, die Schloss Babelsberg erlebte, datiert vom 22. September 1862. Lustwandelnd spazierte

König Wilhelm I. mit einem seiner wichtigsten Männer durch den schönen Park und fragte ihn, ob er sein Ministerpräsident und Außenminister werden wolle. Und Bismarck sagte ja. Ohne diese Entscheidung wäre nicht nur Preußens, sondern zugleich Deutschlands und Europas Geschichte, ja die ganze Weltgeschichte völlig anders verlaufen. Ob besser oder schlechter, wer mag das entscheiden?

Von hier oben hat man einen herrlichen Blick über den Tiefen See und den Jungfernsee. Dort, wo beide Seen ineinander übergehen, überspannt eine hohe Hängebrücke das Wasser. Drei spektakuläre Agentenaustausche haben hier stattgefunden, Agenten des Ostens gegen Agenten des Westens. Auf der einen Seite liegt Potsdam, auf der anderen Seite West-Berlin. Ein kleiner Bauernhof befand sich einst in der Nähe, das Gut Klein Glienicke. Es gab der Brücke ihren Namen.

Die Glienicker Brücke

11. Februar 1986. Ein kalter Morgen, Nebel über der Havel. Auf beiden Seiten der langen Brücke haben sich Menschen versammelt, Herren mit Hüten und dunklen Mänteln. Man telefoniert miteinander, obwohl doch alle Details bereits im Vorfeld längst abgesprochen sind. Schließlich wird von östlicher Seite ein einzelner Mann an die Grenzlinie

gebracht, an den weißen Strich. Viel zu weite Hosen hat man ihm angezogen und keinen Gürtel mitgegeben. Armselig, lächerlich sieht es aus, wie er mühsam seine Hose festhält. Genau das ist die Absicht der Russen, ihn lächerlich zu machen. Sie nämlich halten den Mann für einen Agenten, für den Westen hingegen ist er ein mutiger Freiheitskämpfer, ein Dissident, Kritiker des sowjetischen Terrorsystems.

Mit brutalen Methoden hatte man ihn umziehen wollen. Wochen, in denen er in der Isolationshaft saß, folgten verlockende Versprechungen. Alles werde anders, werde süß und schön, wenn er nur unterschriebe, die paar lächerlichen Papiere. Auch ein Kamerad riet ihm zu. Was bedeutet schon ein Geständnis unter diesen Bedingungen? Wer wird es je erfahren? Wenn du draußen bist, kannst du für die Menschenrechte mehr erreichen, als wenn du hier im Gulag verfaulst.

Anatoli Scharanski, der Wissenschaftler und Atheist, entdeckt in dieser ausweglosen Situation den Glauben seiner Väter, den Glauben Abrahams und Isaaks. Im Gulag, im KGB-Gefängnis, wird er zum gläubigen Juden. Nein, er wird die Wahrheit nicht verleugnen, wird seinen Folterknechten diesen Gefallen nicht tun! Und wenn sie ihn dreimal neun Jahre einsperren sollten. Seine Kraft wächst und er zieht sie nicht aus dem Glauben allein. Eingesperrt in seinem Verlies fühlt er sich getragen durch die Gemeinschaft der Aufrechten, fühlt sich gestärkt, getröstet. Dann, wie durch ein Wunder, öffnet sich die Zellentür, führt man ihn hinaus, bringt man ihn zum Flughafen, fliegt man ihn aus der Sowjetunion nach Ost-Berlin, fährt man ihn nach Potsdam, zur Glienicker Brücke. Nun steht er dort, in viel zu weiten Hosen, ohne Gürtel, steht vor der weißen Linie. Und macht den Schritt.

Die Glienicker Brücke hat eine lange Geschichte. Bereits Ende des 17. Jhs. gab es hier eine erste schmale Holzbrücke, damit der Potsdamer Adel bequemer zu seinen Jagdrevieren gelangen konnte, 1777 erweiterte man sie zu einer Zugbrücke. Bereits zuvor hatte man die Journalière eingerichtet, eine tägliche Postwagenverbindung zwischen Berlin und Potsdam, wo die Hohenzollern ihre zweite Residenz unterhielten. 1792 dann der Beginn eines großen Prestigeprojekts, der Bau einer gepflasterten Straße von Berlin nach Potsdam, eine preußische Musterchaussee. Um die Vorzeigestraße zu finanzieren, führte man eine Maut ein, die auch an einem Häuschen an der Glienicker Brücke zu entrichten war. Bald war es an der Zeit, auch die Brücke selbst in Stein auszuführen. Für die meisten großen Bauwerke war damals Preußens Haus- und Hofarchitekt Schinkel zuständig: „Die ganze Länge ... beträgt 565 Fuß. Die Fahrbahn ist 20 Fuß und jeder Fußweg daneben vier Fuß breit. Erstere ist mit behauenen Granitsteinen gepflastert, die Fußwege sind aus scharf gebrannten Steinen gemauert." Man merkt, Preußen hatte sich den Pariser Urmeter noch nicht besorgt. Ein preußischer Fuß, das sind 31,285 cm, also ungefähr ein Drittel Meter. Die Brücke war somit etwa 177 m lang. Bei der Einweihung fand der Potsdamer Bischof unterwürfig-schöne Worte: „Sie ist so köstlich wie wohlgeraten. Sie gehört mit zu den vorzüglichsten Bauwerken unter seiner Majestät Regierung und man betrachtet sie und die schöne Gegend, die sich vor ihr ausdehnt, mit Wohlgefallen."

Deutlich kann man an der Brücke noch den ehemaligen Grenzverlauf erkennen. Die Ostseite ist in NVA-Grün gestrichen, die Westseite in Nato-Oliv. Über die Brücke führt der offizielle Havelradweg nach Potsdam, ich aber rolle südlich nach Babelsberg hinunter, vorbei an herrschaftlichen Villen, früher einmal und vielleicht jetzt wieder Herbergen der Promis der hiesigen Filmstudios.

Auch meine Unterkunft stammt aus dieser Zeit, „Villa 1900" nennt sie sich. Nach der obligatorischen Dusche frage ich die Rezeptionistin nach „Lena", dem bulgarischen Geheimtipp meines Wannseefährenbekannten. „Ganz einfach: erst rechts, dann links, dann wieder rechts, dann links!" Alles klar. „Lena": ein schlichtes Haus an einer viel befahrenen Durchgangsstraße. Eine kleine Terrasse mit Laube wirkt sehr einladend. Einige Gäste sitzen schon an den mit traditionellen Decken geschmückten Tischen. So Rot ist das Rot nur beim Bulgaren! Ein Weißbier aus einem Münchner Vorort gibt's und eine wunderbare bulgarische Joghurtsuppe. Kalt, mit Gurken und viel Knoblauch, sehr erfrischend. Neben mit sitzt ein nettes Paar meines Alters. Bulgarien? Hat der Herr schon als DDR-Schüler kennenge-

Der Biber ist zurück

lernt. Wo durfte man sonst schon hin? Zwei Wochen nur gesoffen, aber besser vertragen, man war ja noch jung. Die beiden gestehen, das Havelland zu lieben. „Eine Stunde raus, und du bist für dich allein." Auch mit dem Rad und dem Paddelboot sind sie oft unterwegs. Wir sprechen über Tiere, die an der Havel wieder heimisch werden. Wölfe soll es in Brandenburg wieder geben, erfahre ich, auch ein Elch sei schon gesichtet worden. Biber sowieso, jede Menge. Ob sie schon mal einen Biber gesehen hätten, will ich wissen, die seien doch ausgesprochen scheu. Na klar hätten sie schon Biber gesehen, Riesenviecher seien das, aber ungefährlich. Ein Wolf hingegen habe im Blutrausch zwölf Schafe gerissen.

Gerne hätte ich das nette Paar gefragt, ob sie nie darüber nachgedacht hatten, in den Westen zu fliehen. Auch von Potsdam aus haben es etliche versucht, oft ging die Sache tragisch aus.

Mit der Havel in die Freiheit

Einen Traum zu haben, einen Lebenstraum. Sich nach nichts anderem zu sehnen, als sich diesen Traum zu erfüllen. Nach einem fernen Land, einem Land auf der anderen Seite der Welt, einem Land, wo es Löwen und Elefanten gibt, weite Savannen und prächtige Strände. Südafrika! Das war das Land seiner Träume. Irgendwann würde er es sehen, ganz bestimmt! Nicht alleine wollte Norbert sich auf die Reise machen, er hatte einen guten Freund, Rainer, den er von der Schule kannte. Der dachte genau wie er. Als Norbert seine Gesellenprüfung hinter sich hatte, stand ihren Plänen nichts mehr im Weg. Nur eine Kleinigkeit: die Mauer. Die beiden Freunde waren in Freiberg aufgewachsen, in der DDR. Norberts Mutter war nach dem Krieg mit den Kindern aus Polen nach Sachsen geflohen, der Vater hatte sich noch in Kriegsgefangenschaft befunden.

Lange hatten die beiden 20-Jährigen überlegt, auf welchem Weg sie fliehen konnten. Viele Möglichkeiten hatten sie erwogen, ungefährlich und sicher war keine. Die beiden jungen Männer waren nicht naiv, sie wussten genau, wie gut bewacht die innerdeutsche Grenze war. Und bereiteten sich gründlich vor. Im Juli 1964 verabschiedeten sie sich von ihren Familien. Sie wollten gemeinsam Urlaub machen, irgendwohin zum Zelten fahren. Schließlich war es Sommer, Ferienzeit. So knatterten sie von Freiberg in Sachsen nach Potsdam, schlugen in der Nähe ihr Zelt auf, erkundeten die Umgebung, näherten sich so unverfänglich es ging den Grenzanlagen entlang der Havel bei Babelsberg, zwei junge Burschen auf Badeurlaub. Tiefer See hieß dieser Uferabschnitt. Das gefiel den beiden. Da drüben, hinter der Mauer, lag Berlin, lag die Freiheit. Waren sie erst dort, war es nach Südafrika nur ein Katzensprung.

Als es tiefe Nacht war, machten sie sich bereit. Jeden Handgriff hatten sie zuvor x-mal trainiert. Das Anziehen der Taucheranzüge, die Befestigung der Schwimmflossen, das Umschnallen der Taucherausrüstung – ihr ganzer Stolz, sie hatten die Geräte selbst gefertigt. So lautlos wie möglich glitten sie ins Wasser. Wenn sie wieder auftauchten, lag Südafrika zum Greifen nahe!

Am nächsten Morgen bemerkten die Angehörigen des Grenzregimentes 48 am Babelsberger Ufer der Havel eine leblose Person, einen jungen Mann in einem Taucheranzug. Sie zogen die Leiche aus dem Wasser und fanden einen Brustbeutel, in dem ein Personalausweis steckte: Norbert Wolscht aus Freiberg/Sachsen. Man informiert die Eltern, die sich sofort auf den Weg machen. Laut Sektionsbefund war er erstickt. Sein Atemgerät hatte versagt. Eine Woche später sollte man am selben Flussufer auch die Leiche seines Freundes Rainer finden.

Potsdam: Blick vom Babelsberger Ufer

Ich rolle ins nächtliche Potsdam hinein. Alles wirkt schon recht ausgestorben, am westlichen Ende der Brandenburger Straße aber herrscht noch lustiges Treiben. Fast alle Freisitze der zahlreichen Lokal sind noch geöffnet, ich setze mich und bestelle ein Weißbier. „Weizen kommt sofort, Fass wird gerade gewechselt." Weizen vom Fass. Na, in Potsdam lässt es sich leben, denk ich – bis ich das Bier probiert habe. Was soll's – prost, auf die schöne Tagesetappe. Was mir jetzt erst richtig bewusst wird: Ich habe das Berliner Stadtgebiet durchschnitten, ohne es wirklich zu bemerken. Kein Großstadtstress, kein Lärm, eine echte Landpartie. Prost, Berlin!

3. Flussabschnitt:
VON POTSDAM ÜBER WERDER UND BRANDENBURG NACH PLAUE

Eine echte Tropennacht liegt hinter mir. Trotz aufgerissener Fenster hat es kaum abgekühlt. Dafür kann ich das Frühstück in dem hübschen Garten einnehmen. Schnell füllt sich die Terrasse. Lauter junge Leute, vielleicht Praktikanten bei den Filmstudios? Welche Filme sind nicht alle in Babelsberg gedreht worden! „Dr. Mabuse" und „Metropolis" von Fritz Lang (der erste Science-Fiction-Film), „Der blaue Engel" mit Marlene Dietrich, „Die Drei von der Tankstelle", „Die Feuerzangenbowle" ... Selbst Hitchcock war als junger Szenenbildner an der Havel, ging dem verehrten Friedrich Wilhelm Murnau bei dessen Film „Die Prinzessin und der Geiger" zur Hand und konstruierte eine perspektivisch geniale Himmelstreppe. Auch heute werden wieder internationale Produktionen in Babelsberg gedreht, „Monuments Men", „Grand Budapest Hotel", aber natürlich auch die deutsche Seifenoper „Gute Zeiten, schlechte Zeiten". Vielleicht sind die jungen Leute deswegen hier – Nachschub an Statisten.

Für Potsdam habe ich mir eine spezielle Tour zusammengestellt. Und die ist eng mit einem unserer Starmoderatoren verbunden, mit Günther Jauch – und mit Fernsehwerbung! An sich eine nervige Sache. Dass sich auch ein Mann wie Jauch dafür hergeben musste! Für Bierkonsum, der den Regenwald rettet, für Enzyme, welche die Gelenke schmieren, für ein großes Versandhaus, für ein Glücksspielunternehmen, sogar für schnöden Beton ... Hatte er das nötig? – Natürlich nicht. Als Deutschlands beliebtester Fernsehmoderator verdient er mehr als genug. Die Werbung machte er vielmehr, um mit den Erlösen Dinge zu finanzieren, die ihm am Herzen liegen. So wurde er auch zum großen Sponsor seiner Wahlheimat Potsdam.

Marmorpalais am Heiligen See

Ich beschließe, mich bei meiner Tour von Günther Jauch leiten zu lassen, und zwar von den historischen Stätten, die er mit seinen Spenden aufgemöbelt hat. Zusätzlich soll die Rundfahrt mit einem kleinen Quiz verbunden werden: Wer wird Millionär? Als erstes radle ich zum Westufer des Heiliger Sees, zum Marmorpalais. 50 €-Frage, gewohnt leicht: Was gab dem Marmorpalais seinen Namen?

   A Granit   B Waschbeton
   C Sandstein   D Marmor

Von König Friedrich Wilhelm II. und seiner Jugendliebe hatten wir ja bereits auf der Pfaueninsel gehört und auch von seinem Vater, der, von seinem Bruder, dem Alten Fritz, tödlich gekränkt, in Schloss Oranienburg seinen Geist ausgehaucht hat. Auch Friedrich Wilhelm II. hatte trotz dessen Protektion wenig mit seinem Onkel anfangen können, wenig auch mit dessen Liebe zu Barock und Rokoko. Friedrich Wilhelm II. beschloss, sich ein neues Sommerschloss errichten zu lassen, Platz gab es in Potsdam ja noch genügend. Seinen Architekten Carl von Gontard und Carl Gotthart Langhans gab er die Order, den modernen klassizistischen Stil zu wählen. Die beiden hielten sich strikt an diesen Wunsch und schufen ein Meisterwerk am See, mit Stufen hinunter zum Ufer, damit man bequem per Boot über Havel und Spree nach Charlottenburg gelangen konnte. Noch näher und von dem witzigen Rundtempel auf dem flachen Dach aus gut zu erkennen, lag die Pfaueninsel. Wie oft mag der König in sternklaren Nächten in dem hohen Tempelchen gestanden und sich seiner wilden Jugendjahre erinnert haben, seufzend natürlich. Im Alter soll ihm ein religiöses Erweckungserlebnis widerfahren sein, worauf er jedem weiteren Umgang mit seiner Minna abschwor. Dabei hatte die schöne, zugleich kunstsinnige Wilhelmine aktiv bei der Innenausstattung des Marmorpalais mitgewirkt. Ein besonderes Schmuckstück war der Kloebersaal im Nordflügel. Der Schinkel-Schüler August von Kloeber hatte für den ehemaligen Wohn- und Schlafraum fünf großformatige Werke geschaffen. Ausgerechnet dieser Raum wurde Opfer einer Zufallsbombe im März 1944. Die Wiedererrichtung, mit der man nach der Wende begonnen hatte, zog sich in die Länge, Pfusch am Bau kam hinzu. Misstrauisch beobachtete von der gegenüberliegenden Seeseite ein neuer Nachbar die Restaurierungsfortschritte: Günther Jauch. Schließlich beschloss er, sich die Sache mal aus der Nähe anzugucken, wo er zu seinem Schrecken feststellen musste, dass die bereits restaurierten Gemälde Kloebers abermals bedroht waren, denn durch das Dach regnete es herein. Jauch schüttelte den Kopf und machte der Schlösserstiftung einen Vorschlag. Wenn sie das Dach ausbessere, übernehme er die Kosten für die restliche Renovierung des Saales. Der Deal galt und Jauch hielt Wort. Rekonstruktion von Säulen, Pilastern und Parkett, Grisaille-Malerei, Oberlicht und Gesims, Wandanstrich und Gerüstarbeiten sponserte er großzügig. 100 €-Frage: Wie wurde Friedrich Wilhelm II. im Volk genannt?

    A Silly-Willy   B Der lange Kerl
    C Der dicke Willem   D Wilhelm, der Eroberer

Weiter geht's! Schloss Cecilienhof liegt am nördlichen Ende des Neuen Gartens. Auf dem Weg dorthin passiere ich eine steinerne Pyramide, einst ein riesiger Eisschrank für die heißen Sommer-

Schloss Cecilienhof – Ort der Potsdamer Konferenz

monate, gleich drauf hebt ein riesiger grüner Elefant seinen Rüssel und prustet mir nach. Wie schafft man es, solche Tiere aus Bäumen zu modellieren? Schloss Cecilienhof, für Potsdamer Verhältnisse ein Neubau, eine Vierflügelanlage im englischen Landhausstil errichtet. Ob Churchill sich hier heimisch gefühlt hat? Im Sommer 1945 war er für entscheidende Wochen zu Gast, zusammen mit seinem US-Kollegen Truman und mit Stalin, der mit dem Zug von Moskau angedampft war, weil er sich vor dem Fliegen fürchtete. Den runden Tisch, an dem die Verhandlungen der Potsdamer Konferenz stattfanden, soll Stalin von Moskau mitgebracht haben. Ob es ihm deshalb so leichtgefallen ist, Churchill und Truman über selbigen zu ziehen? Am Ufer der Havel wurden Europas Grenzen neu gezogen, wurde die Nachkriegsordnung beschlossen. Stalins Sowjetunion kassierte das halbe Polen und sperrte große Teile Europas hinter dem Eisernen Vorhang ein, auch das meiste der armen Havel. Erst 45 Jahre später sollte sich unter Gorbatschow der Vorhang wieder heben.

Einen Frühschoppen am Ufer des nahen Jungfernsees, einer weiteren Havelausbuchtung, verkneife ich mir. Das ist hart, denn in der wiedererrichteten Meierei braut man jetzt ein vorzügliches Privatbier. Am Ufer des Heiligen Sees strample ich Richtung Innenstadt. Welches der hübschen Häuser an der anderen Uferseite wohl Jauch gehört? Ich komme durch das Holländische Viertel, das mit seinen verspielten Gauben tatsächlich an Amsterdam erinnert. Einwanderer aus den Niederlanden waren den Preußenkönigen hochwillkommen, erstens hatten sie als reformierte Christen die richtige Religion und zweitens kannten sie sich damit aus, auf feuchtem Grund zu siedeln.

Über die Türkstraße gelange ich an den Tiefen See. Genau an dieser Stelle zweigte der Stadtkanal von der Havel ab. Kanäle hat es in Potsdam seit dem Mittelalter gegeben. Das feuchte, sumpfige Gebiet musste entwässert werden, bevor man es bebauen konnte. Auch der Vorläufer des Stadtkanals ist ein solcher Entwässerungskanal gewesen, bevor er 1722 unter Friedrich Wilhelm I. begradigt und durch dessen Sohn, den großen Friedrich, mit Sandsteinen verschalt und mit steinernen Brücken versehen wurde. Doch den Potsdamern stank der Kanal bald gewaltig, manche Zuflüsse schüttete man bereits Ende des 19. Jhs. zu, den Rest im Jahr 1965. Auch die hübschen Brücken riss man ab, klar, kein Kanal, keine Brücke. Doch mit der Wende wendete sich auch die Einstellung zum Kanal. Man begann ihn plötzlich zu vermissen und legte die historische Wasserstraße stückweise wieder frei. Irgendwann soll der gesamte Kanal wieder geflutet werden, was natürlich eine Menge Geld kostet. Neben anderen Promis beteiligte sich maßgeblich auch Günther Jauch an der Spendenaktion. Wer ein Sümmchen dafür erübrigt, kann sich auf einem Kanalpfosten verewigen lassen. Viele Namen sind schon zu lesen. 200 €-Frage: Welche der folgenden Brücken führte nicht über den Stadtkanal?

    A Kellertorbrücke   B Rialtobrücke
    C Grüne Brücke   D Waisenbrücke

Zwischen Stadtkanal und Havel liegt das alte Potsdam, also das uralte. Als der Große Kurfürst beschloss, Potsdam zu seiner zweiten Residenz zu machen, entschied er zugleich, an dieser Stelle ein

Schloss errichten zu lassen. Nun denn, nichts wie hin! Denn auch dort hat Jauch seine Spuren hinterlassen. Vorbei an St. Nikolai komme ich zum Alten Markt. Da steht es. Vor dem wiedererrichteten Schloss, in dem nun der Brandenburger Landtag residiert, das Fortunaportal. Einst war es Teil einer Stadtmauer und gewährte den Besuchern des Schlosses gnädig Einlass, ein dreistufiger Bau mit der goldenen Fortuna auf der Kuppel. Hübsch ist die Dame, sehr leichtfüßig, wenngleich ein bisschen zu groß für mich. 2,15 m misst sie, womit sie jedes Basketballspiel glücklich entscheiden könnte. Und auch ihr Gewicht von fünf Zentnern ist rekordverdächtig, dennoch gelingt es ihr, sich mit dem Wind zu drehen, was für eine Göttin des Glücks wiederum passend ist. Doch auch Fortuna selbst war das Glück nicht hold, britische Bomber legten sie und ihr hübsches Tor kurz vor Kriegsende in Schutt und Asche, den Rest erledigte Walter Ulbricht, der in der Ruine wie im ganzen Stadtschloss ein Symbol für den preußischen Militärstaat sah. Alle Proteste der Potsdamer halfen nicht, 1960 waren auch die Ruinen weggesprengt. Zum Glück gab es einige historische Aufnahmen, und zum Glück gibt es Günther Jauch und andere Gönner. Sie brachten 3 Mio. Euro auf, und seit 2002 steht das Fortunaportal wieder an seinem Platz, wo die Glücksgöttin in der Sonne leuchtet. 300 €-Frage: Was trägt Fortuna in der Hand?

    A eine Glückstrompete   B eine Tombolatuba
    C eine Pechposaune   D ein Füllhorn

Am Stadtschloss, dem heutigen Landtag, ist ein hübsch geschwungener Schriftzug angebracht, ein leicht abgewandeltes Magritte-Zitat „Ceci n'est pas un château" – Dies ist kein Schloss! Also, auch wenn dies kein Schloss sein soll, die Schlösserfülle in Potsdam bleibt dennoch erschlagend. Wären die Hohenzollern noch weitere 250 Jahre an der Spitze Preußens geblieben, es würde in Potsdam mehr Schlösser als Häuser geben. Jeder neue König schien den Ehrgeiz gehabt zu haben, sein eigenes Schloss in die Landschaft zu pflanzen. Besonders gilt das natürlich für Friedrich den Großen, zu dessen Ohnesorg-Schloss ich nun aufbreche. Doch Vorsicht! Das Radfahren ist im Schlosspark von Sanssouci nur auf bestimmten Wegen gestattet, was

Muscheln über Muscheln: die Neptungrotte, frisch saniert!

man verstehen kann, war doch bei den Verkehrsplanungen zu Friedrichs Zeiten das Fahrrad noch nicht erfunden.

Am Haupteingang an der alten Windmühle werde ich aufgefordert, einen Umweg zu nehmen oder meinen Drahtesel anzubinden. Seufzend entscheide ich mich für die zweite Lösung. Mit den Taschen in Händen laufe ich zum Schloss, dann die großen Treppen mit ihren Weinterrassen hinunter. Sämtliche Götter der Antike scheinen sich zu einem Klassentreffen versammelt zu haben, an jeder Ecke glänzt es marmorn, präsentiert ein Gott seine edlen Glieder. Da darf natürlich auch Neptun nicht fehlen, der Gott des Meeres. Ihm ließ der alte Fritz durch seinen Hofarchitekten sogar eine ganze Grotte bauen, vor deren Verhüllung ich nun stehe. Am Verfall waren einmal nicht die englischen Bomber schuld, sondern schlicht der Zahn der Zeit, besser gesagt, die Zähne der Zeit oder gar der Zeit komplettes Gebiss, denn der Zustand der Grotte, an deren Seiten über kaskadenförmige Muschelschalen das Havelwasser lief, war zuletzt schlicht erbärmlich. Wie muss sie einmal geglänzt haben! Aus weißem und rosafarbenem schlesischem Marmor errichtet, schmückten den Grottenraum Bergkristalle, Korallen und Muscheln sowie Porzellanblumen. Dass Neptun zum Zeitpunkt des Erscheinens dieses Buches wieder voller Stolz seine Grotte präsentieren kann, ist ebenfalls Günther Jauch zu verdanken, der mit einer glatten Million den Startschuss für den Wiederaufbau gab. 500 €-Frage: Wie hieß der Architekt der Neptungrotte?

    A Kniffelbergh   B Rätselhaußen
    C Quizstatt   D Knobelsdorff

Dass es selbst eine hohe Gottheit nicht immer leicht hat, auch davon legt Neptun Zeugnis ab. Als die eifersüchtige Amphitrite erfuhr, dass ihr Göttergatte einer anderen Dame schöne Augen machte, vergiftete sie kurzerhand deren Gewässer. Skylla wuchsen darauf sechs Köpfe, was Neptun seine Schäferstunden arg vergällte, denn hörte endlich ein Kopf auf zu reden, fing garantiert der nächste an. Die Jugend würde sagen, Neptun wurde zugetextet. Welcher Gott hält das aus? Nörgelnde Partnerinnen können das Leben eines Mannes signifikant verkürzen, las ich heute morgen in der Frühstückszeitung. Da ein Gott untersterb-

Belvedere auf dem Pfingstberg

lich ist, blieb Neptun noch nicht mal dieser Notausgang. Knobelsdorff verzichtete weise auf die Darstellung dieses Unglücks.

Mühsam und den spärlichen Schatten suchend treppe ich den Schlosshügel wieder hinauf. Auf der Grabplatte Friedrichs des Großen liegt die obligate Kartoffel, auch wenn doch höchst strittig ist, ob er es war, der sie eingeführt hat. Aber Legenden sind nun mal nicht totzukriegen. Ein gemütlicher Berliner, der auf einer Bank Platz genommen hat, sagt zu mir: „Ick weeß, was es heut' beim Alten Fritz zu Mittag jibbt: Bratkartoffeln!"

Neben dem Alten Fritz liegen seine Hunde. Ihre Grabplatten aber sind leer. Wenn ich das nächste Mal komme, bring' ich euch einen Knochen mit! Im Schlossshop besorge ich mir einen neuen Schreiber, der alte hat am Wannsee seinen Geist ausgehaucht. Unschlüssig stehe ich zwischen einem Becher mit Bleistiften, die das preußische Krönchen tragen, und einem Becher mit Kugelschreibern in schwarz-rot-gold. Ich entscheide mich für die Republik. Am Ausgang spielt mir ein Alter-Fritz-Double mit der Flöte auf. Ich frage ihn, ob das Stück vom Alten Fritz komponiert worden ist, doch er sagt mit holländischem Akzent, das sei ein schlichtes Volkslied gewesen, aber wenn ich es wünsche, könne er auch ein Original-Alter-Fritz-Menuett. Nun denn! Ich bin recht angetan von der barocken Weise und werfe dem Künstler einen Taler ein. Kunst am Bau muss gefördert werden.

Wer glaubt, die Günther-Jauch-Tour sei nun zu Ende, der irrt. Nun geht es nach Norden, zu einem weiteren Potsdamer Highlight, zum Belvedere auf dem Pfingstberg, eine echte Schwitztour bei dieser Hitze. Das Belvedere ist das vielleicht italienischste aller Potsdamer Schlösser. Friedrich Wilhelm IV., der Bruder Wilhelms, dessen Babelsberger Sammelsurium wir ja schon kopfschüttelnd bestaunt haben, besaß mehr Stilgefühl, ja, er wird als Künstler auf dem Thron bezeichnet. Sein prächtiges Belvedere hat er selbst entworfen oder doch zumindest fast. Genaugenommen hat er einfach eine Renaissancevilla, die ihm bei einer Romreise aufgefallen war, mit dem Zeichenstift kopiert. Lange Kolonnaden links und rechts, weitläufige Freitreppen, ein hübscher Innenhof mit Springbrunnen, zwei markante Türme hinzugestellt, fertig war das Belvedere. In der Nachkriegszeit verfiel das Bauwerk, Feuchtigkeitsschäden ließen es bröckeln und es gab viel zu tun, es wiederherzustellen. Was ein Glück, dass Günther Jauch zu diesem Gebäude eine besondere Beziehung hat: Nicht nur, dass er die Renovierungskosten großzügig bezuschusste (zusammen mit weiteren Gönnern), das Belvedere war auch der Ort für das vielleicht kürzeste und doch zugleich wichtigste Wort in seinem Leben. „Ja!", antwortete der verliebte Quizmaster hier im Jahr 2006 auf die Frage, ob er seine hübsche Braut heiraten wolle. 2011 erklärte Jauch, künftig nicht mehr für Werbung zu haben zu sein; schade, wenn man sieht, was er mit den Werbeeinnahmen so alles angestellt hat. Wer der größte Baumeister von Potsdam war, bleibt umstritten; der größte Potsdamer Wiederaufbaumeister ist ganz klar er.

Doch nicht nur in historische Bauten hat er seine Werbegelder gesteckt, auch die Kinder liegen ihm am Herz. Das katholische

Gymnasium und die katholische Grundschule hat er reich bedacht und auch die Potsdamer Arche, eine Anlaufstelle für schutzbedürftige Kinder im Problemstadtteil Drewitz. „So spendet Segen noch immer die Hand, des Fernsehmanns im Havelland", könnte man frei nach Fontane dichten. Kirchlich geheiratet haben die Jauchs übrigens ebenfalls am Ufer der Havel, in einer Kirche, an der wir schon vorbeigekommen sind, in der Sacrower Heilandskirche. Ob Thomas Gottschalk dabei ministriert hat, ist leider nicht bekannt. Gekonnt hätte er es, genauso wie Stefan Raab oder Harald Schmidt. Frühes Auftreten schult den Sinn für Inszenierungen. Die 1.000.000 €-Frage: Wer war als Gast bei seiner Hochzeit mit dabei?

Theodor Fontane vor seinem Archiv

    A Marcel Reif   B Thomas Gottschalk
    C Herbert Grönemeyer   D Klaus Wowereit

Antwort: Natürlich alle vier! Und noch viele, viele andere, alle Springers, Kerners und Karaseks. Nicht nur von den Promis, auch vor lauter Schlössern und königlichen Bauherren kann einem der Kopf schwirren.

Nun aber soll's wieder hinausgehen aus Potsdam, der Schlösserhauptstadt an der Havel. Man kann den Eindruck bekommen, die Eiszeit hat all die Hügel ringsum nur aufgetürmt, damit Preußens Könige ihre Schlösser daraufstellen konnten. Ich bewundere noch die Vielzahl an Radständern an der Seitenwand des Belvedere – dass der Denkmalschutz das erlaubt hat! – und drehe noch eine freche Radlrunde durch die schattige Lindenlaube, die vor dem Belvedere einen Halbkreis bildet. Am Fuße des Pfingstberges komme ich an einem Herrenhaus vorbei, das den Namen „Fontane-Archiv" trägt. Da muss ich natürlich kurz anhalten! Tatsächlich hat man auch eine Bronzebüste Fontanes vor dem Haus aufgestellt, die ich rasch fotografiere. Wen könnte man sich für eine Haveltour als besseren Begleiter vorstellen als Theodor Fontane? Ein schlanker, gutgekleideter Herr spricht mich an. Morgen fände ein Vortrag statt, Fontane in London. Ob ich nicht Lust hätte? Lust hätte ich schon, aber das Rad, das rollt. Leider werde ich morgen Abend schon in Havelberg sein. Wenn alles gut geht.

Mitten durch ein russisches Dorf, die Alexandrowka – noch so eine wunderlich verrückte preußische Königsidee –, fahre ich über Jägerallee und Lindenstraße hinunter zur Havel, wo mich der Havelradwegwegweiser etwas vorwurfsvoll begrüßt. Für Rumtreiber scheint er kein Verständnis zu haben. Gleich ist er aber wieder milde gestimmt und zeigt mir eine prächtige Moschee. Eine Moschee an der Havel, die erste, die ich sehe! Doch auch hier könnte man mit Magritte anmerken: „Ceci n'est pas une mosquée!" Ein Schild informiert mich, dass alles nur Attrappe ist. Im Inneren befindet sich ein altes Maschinenhaus, eine mächtige Pumpe, welche die Brunnen von Sanssouci mit Wasser zum Springen zu bringen hatte. Das Minarett ist nichts anderes als der Schornstein! Bei der Weiterfahrt kommen mir leichte Zweifel. Darf man das? Ein Gotteshaus bauen, um eine schnöde Pumpanlage zu tarnen? Was ist mit den Gefühlen gläubiger Muslime? Was würde ein Christ denken, wenn er in einem arabischen Land eine Kirche sieht, aus deren Türmen es raucht?

Eine Moschee? Nein, ein Pumphaus!

An der nun folgenden Uferpromenade geht es lustig zu. Jung und Alt gehen hier spazieren, Studenten liegen mit aufgeschlagenen Büchern auf Bänken, Angler baden ihre Würmer, auf Sportplätzen zur Rechten laufen Mädels nach dem Ball. Besitzt Potsdam nicht eine berühmte Frauenmannschaft? Eine Reihe futuristischer Bauten taucht auf, aufgeständerte Ungeheuer, die sich zum Templiner See recken. Zwei Burschen, bei denen man die Rippen zählen kann, lassen ihr Kanu zu Wasser. Neben der Bootslände füttert eine alte Frau die Schwäne. Mein persönliches Lieblingskapitel in Theodor Fontanes „Wanderungen durch die Mark Brandenburg" handelt von den Havelschwänen. Man müsste es in seiner vollen Schönheit wiedergeben, ungekürzt und original, aber leider würden die ausführlichen Beschreibungen den Rahmen dieses Buches sprengen. Bitte, lieber Leser, verzeihe dieses Verbrechen! Hast Du die „Wanderungen" im Bücherregal, überschlage die nachfolgenden Ausführungen und greife zum Original!

Die Havelschwäne

An die 2000 Schwäne lebten zu Fontanes Zeiten am Mittellauf der Havel, von Tegel bis Brandenburg. „Wie mächtige stolze Blumen blühen sie über die blaue Fläche hin; ein Bild stolzer Freiheit." Die Freiheit aber war nur eine relative. Gab der Schwanenmeister den Befehl „Am 20. Mai wird gerupft!", begann das große Einfangen. In den Dörfern entlang der Havel und ihren Seen machten sich die Fischer auf, trieben die Vögel zusammen und zogen Schwan für Schwan an Bord, indem sie ihnen das gebogene Ende eines langen Stocks um die Hälse legten. Bald war das ganze Schiff dicht an dicht besetzt. Alle Schwanenhälse schauten dabei über die Bootskante, wie Blumenstängel aus einer Vase. So beladen fuhren die Fischer von wohl 20 Haveldörfern zur Rupfbank nach Potsdam. Der Schwanenknecht trug einen Schwan nach dem anderen an Land, wo an einem langen Tisch die Rupfweiber saßen. Geschickt klemmten sie den Schwanenhals zwischen ihre Beine und begannen routiniert zu rupfen, erst die Federn dann die Daunen, das Fleisch durfte nirgends sichtbar werden. War die Rupferei beendet, schnappte sich der Schwanenknecht das ausgedünnte Tier und warf es mit Schwung zurück in die Havel.

Dass die Havelfischer durchaus Herz für ihre Schwäne hatten, bewiesen sie, wenn der Winter kam und die Gewässer zufroren. Dann fingen sie sie erneut ein und transportieren sie auf dem Landweg nach Potsdam, wo es unterhalb der Eisenbahnbrücke eine stets eisfreie Stelle in der Havel gibt. Dort überwinterten die 2000 Schwäne, ein grandioser Anblick, besonders um drei Uhr nachmittags, wenn der Schwanenmeister mit Karre und Gerstensack auf der Brücke erschien und sein langgezogenes „Haaans! Haaans!" rief. Dann entstand ein wahrer Tumult unter den Tieren, es rauschte im Wasser und die Gischt spritzte, als würde sie von den Rädern eines Raddampfers gepflügt, und wenn dann die Gerste mit Schwung vom Himmel regnete, gab es kein Halten mehr und auf der Havel entstand das fröhlichste Chaos, ein Hauen und Stechen, Drängeln und Schieben, Tauchen und Hälseverknoten, so lange, bis auch das letzte Gerstenkorn verschluckt war.

Die unterschiedlichsten Vögel sind mir auf der Haveltour begegnet, ich denke an die zahlreichen Störche von der Quelle zurück und an den eindrucksvollen Seeadler. Der vielleicht treueste gefiederte Begleiter aber ist ein kleiner Wippschwanz, die Bachstelze. Warum sie so heißt, ist mir schleierhaft. Ich hab sie noch nie durch den Bach stelzen sehen. Ständig aber läuft sie über den Havelradweg und spielt ihr Spiel mit mir. Nähere ich mich auf einige Meter, flattert sie auf, zieht drei Bögen durch die Luft – und setzt sich wieder auf den Weg, bis ich sie erneut verscheuche. Das geht dann so zwei-, dreimal, bis sie sich in die Wiesen verabschiedet. Welche Vögel sind mir noch begegnet? Den Kuckuck habe ich des Öfteren rufen hören, kleine Raubvögel ihre Kreise ziehen, Elstern und Krähen am Wegesrand nach etwas hacken sehen. Im Wald sah ich lustige Finken, Spatzenschwärme in den Hecken der Kleingartenkolonien.

Nachdem ich den „königlich-preußischen Campingplatz" am Westrand von Potsdam durchradelt habe, gelange ich am Ufer des großen

Templiner Sees nach Geltow, wo der Sage nach die Geschichte Potsdams begann.

Die Gründung Potsdams

Wo heute die Kirche Alt-Geltows steht, erhob sich vor Zeiten eine mächtige Burg. Einst herrschte in ihren Mauern der Krul der Heveller, ein wilder, grausamer Mann. Sein Gesicht war gramzerfurcht, seit sein einziger Sohn im Kampf gegen die Deutschen gefallen war. An seiner Tafel saß der junge Chocus, sein nächster Verwandter, der einmal das Erbe antreten sollte. Doch das Herz des Kruls schlug allein für seinen toten Sohn, für Chocus hatte er kein herzliches Wort. Darum zog es den Prinzen, wann immer es ging, hinaus ins Freie, in die Bruchlandschaften und Sümpfe, wo das Ur weidete und zahllose Vögel brüteten, in die uralten Eichenwälder, welche die Havel mit vielen Armen durchzog und in langgestreckte Inseln teilte.

Einmal, als Chocus an einem schönen Frühlingstag von der Wolfsjagd kam, fuhr er spätabends mit seinem Knecht in einem Kahn über den Fluss. Da kam ein kräftiger Wind auf, das Wasser schlug hohe Wellen, und von einer Bö erfasst verlor der Knecht das Ruder. Mit Stöcken versuchten die beiden voranzukommen, trieben jedoch ab und wurden an das Ufer einer schmalen Insel geworfen, die neben zwei Nachbarinseln lag. Dort bereiteten sie sich ein Lager im Schilf und schliefen erschöpft ein.

Als Chocus am nächsten Morgen erwachte, hörte er Gesang. Er stand auf und erblickte eine junge Fischerin, die gerade ihr Netz ausgeworfen hatte. Sie war so schön, dass er seine Augen nicht von ihr lassen konnte. Sie erschrak, als sie den Fremden sah, und stieß ihren Kahn vom Ufer ab. Chocus aber sprach sie freundlich an, und als sie in seine sanften, dunklen Augen blickte, kehrte sie um und dachte nicht mehr daran, die Insel zu verlassen. Am Abend schifften sie zu dritt über den Fluss zur mittleren Insel, der junge Prinz schlug mit seinem Schwert Äste von den alten Eichen und sie bauten sich eine Hütte daraus. So lebten sie viele Monate glücklich zusammen, bis die kalten Herbstwinde aufkamen und der Winter nahte. Da verriet Chocus dem

Fischermädchen, wer er sei, dass er aber nur sie zu seiner lieben Frau nehmen wolle, selbst wenn der Krul die reichste Königstochter für ihn ausgewählt hatte. Als Fluss und Moor zugefroren waren, küsste er sein Mädchen und versprach, in drei Tagen mit Ross und Gefolge wiederzukommen, um sie heimzuführen. Dann lief er mit heißem Herzen über das Eis zur Burg.

Wie aber erschrak er, als er erfuhr, dass der Krul gestorben war und man bereits einen neuen Krul gewählt hatte, den Sohn des Oberkriwen! Als jener ihn und seinen Knecht erblickte, ließ er sie in ein Verlies werfen, in dem sie verhungern sollten. Den Unglücklichen aber gelang nach zwei Tagen die Flucht, und Chocus suchte Wilzan auf, der über die Wilzen an Spree und Havel herrschte. Der nahm ihn freundlich auf, konnte ihm jedoch nicht helfen, denn der Oberkriwe hatte zu viel Macht. Niedergeschlagen schlug Chocus die Hände vors Gesicht. Er schämte sich, Wilzan von seinem Mädchen zu erzählen, weshalb Wilzan dachte, er trauere wegen der verlorenen Herrschaft. Endlich nahm Chocus sich ein Herz und vertraute sich Wilzan an. Sofort brach man auf, das Mädchen zu holen. Doch als man zu der verschneiten Hütte kam, fand man sie nur noch starr und tot. Von dieser Stunde an hat der junge Chocus nie wieder gelacht, sein dunkles Auge wurde trübe, sein Haar so weiß wie Schnee. Wilzan schenkte ihm die drei Inseln. Dort baute er sich eine Burg und nannte sie Poztupimi, das heißt, „unter den Eichen". Weil er ein gutes Herz hatte, siedelten manche Sippen im Schutz der Burg. Ein kleiner Ort entstand auf den drei Inseln, den man heute Potsdam nennt.

Die Heveller waren eine slawische Stammesgemeinschaft. In ihrem Namen scheint das Wort „Havel" anzuklingen. Sie siedelten am mittleren Flusslauf, dem Gebiet von Spandau bis Rathenow. Viel weiß man nicht über ihr Leben, man sagt, sie hätten etwas Getreide angebaut und ansonsten von der Jagd gelebt. Die üppigen Fischgründe der sich vielfach verzweigenden Havel werden zusätzlich für einen reich gedeckten Tisch gesorgt haben. Hauptsitz der Heveller, die ansonsten in unbefestigten Siedlungen lebten, ist die Brandenburg gewesen. Sie-

Schloss Caputh, einst Sommersitz der Kurfürstinnen

benmal sollen die Deutschen die Burg eingenommen, siebenmal sollen die Slawen sie wieder zurückerobert haben. Schließlich nahmen die Heveller den christlichen Glauben an und lebten fortan als Besiegte im eigenen Land, über 1000 Jahre ist das nun her.

Erneut begebe ich mich auf Abwege. Ich folge dem Hinweis zur Fähre nach Caputh und biege nach links ein. Nach wenigen Minuten kommt ein Fährschiff in Sicht, rot-weiß bemalt, schlank und elegant, auch wenn es nicht mehr auf dem Wasser schwimmt, sondern auf einer Wiese, die „Tussy I". Von 1942 bis 2012 war sie im Dienst, nun darf sie an Land ausruhen, wimpelbehängt macht die Seilfähre immer noch einen guten Eindruck. „Tussy II" macht ihre Sache ebenfalls gut. Mit einem Euro ist man als Radfahrer dabei, ruck-zuck ist man drüben in Caputh. Ich mache eine Kurve und halte vor dem hübsch herausgeputzten Schloss, eine farblich stimmig gestaltete Dreiseitanlage. Es rühmt sich, das älteste noch erhaltene Schloss der Potsdamer Kulturlandschaft zu sein. Das Urschloss hatte Friedrich Wilhelm von Brandenburg seiner zweiten Frau Dorothea zum Geschenk gemacht. Er war offenbar ein wenig einfallslos: Wir erinnern uns, seiner ersten Frau Luise Henriette schenkte er ebenfalls ein Schloss, nämlich das in Oranienburg. Andererseits, allen männlichen Lesern sei's gesagt: Mit einem hübschen Schloss liegt man bei Damen selten daneben. Dorothea ließ das ursprünglich recht schlichte Landhaus zu einer repräsentativen Sommerresidenz im barocken Stil umbauen. Auch Friedrich I. hat sich gerne in Caputh aufgehalten. Etwas verrückt und zugleich auf wundersame Weise bezaubernd ist ein ganz aus Fliesen gestalteter, mehrfach gewölbter Saal, den Friedrich Wilhelm I. einrichten ließ. Auch die anderen Räume sind eine Augenweide. Die Stuckdecken sind noch original erhalten, vieles auch noch von der barocken Einrichtung.

Dunkle Wolken ziehen auf. Sollte ich noch den Park besichtigen? Dreimal dürfen Sie raten, wer ihn gestaltet hat! – Natürlich! Wer anders als Lenné! Die rechte Gelegenheit, sich den großen Gartenarchitekten näher anzusehen.

Peter Joseph Lenné

Als Sohn eines Hofgärtners und Professors für Botanik im Revolutionsjahr 1789 in Bonn geboren, avancierte er zum Chefgärtner Preußens. Das Zeitalter des Barock war auch in der Gartenarchitektur passé, nicht mehr akkurate und nach symbolischen Bedeutungen gestaltete Parks mit scharf zugeschnittenen, streng symmetrischen Buchsbäumchen waren angesagt, es ging vielmehr um die Schaffung weiter Landschaften, von Parks im englischen Sinn, mit lichten Schneisen und Bezügen zur umgebenden Natur. Leicht geschwungene Wege, die sich nie im rechten Winkel kreuzen, der bewusste Einsatz von exotischen Pflanzen, Bäume, die, in genügend Abstand gepflanzt, herrliche Kronen entwickeln konnten, Teiche und Bachläufe entsprachen dem neuen, romantischen Ideal. Der Besucher sollte das Gefühl haben, durch eine ideale, zugleich vollkommen natürliche Landschaft zu streifen, mit weiten Wiesen, stolzen Baumgruppen und freier Sicht auf Seen und Berge. Auch die Schlossbauten wurden in das Konzept integriert, Sichtachsen lassen den Blick in die Ferne schweifen.

Nach den napoleonischen Kriegen befanden sich viele Gartenanlagen in einem desolaten Zustand. Eines der ersten Projekte Lennés war die Umgestaltung des Parks von Schloss Glienicke. Von dort aus gestaltete er in einem über 50 Jahre währenden Prozess ganz Potsdam und Umgebung zu einem gärtnerischen Gesamtkunstwerk. Eine kurze Aus-

Das Einsteinhaus Caputh, 1929 errichtet

wahl seiner Gartenanlagen, an denen man auf dem Havelradweg entlang radelt, mag verdeutlichen, welche enorme Schaffenskraft Lenné besessen hat: Pfaueninsel, Park Sacrow, Pleasureground und Landschaftspark Glienicke, das Babelsberger Parkgelände, in Potsdam der Neue Garten, die Gärten am Pfingstberg, die Gärten der russischen Kolonie Alexandrowka, der weitläufige Park von Sanssouci … Auch in der Nähe der Havelquelle hat er gewirkt, der Park von Neustrelitz ist sein Werk. In späteren Jahren wandte sich seine radikale Einstellung hin zu einem eher eklektischen Stil: Nun integrierte er wieder barocke Ideen in seine Landschaftsgärten und sorgte dadurch für mehr Abwechslung. Lenné starb kurz vor seinem 50. Dienstjubiläum mit 77 Jahren an den Folgen eines Schlaganfalls. Begraben ist er an den Ufern der Havel, auf dem Selloschen Privatfriedhof in Potsdam-Bornstedt.

In den frühen 30er-Jahren konnte man auf den Caputher Seen, dem Templiner See und dem Schwielow, ein munteres Segelschiff über das Wasser gleiten sehen, das von einem besonderen Bootsmann gesteuert wurde. Die Kräfte des Windes hätte er mühelos berechnen können, war er doch der bedeutendste Physiker seiner Zeit: Albert Einstein. Die Stadt Berlin hatte ihm zum 50. Geburtstag ein Haus am Wasser schenken wollen, aber kein passendes Objekt gefunden. Da hat er sich eben selbst ein hübsches Haus bauen lassen, ganz aus Holz, auf einer kleinen Anhöhe von Caputh mit Blick über den See. Unbeschwerte Sommerstunden hat er dort genossen. „Das Segelschiff, die Fernsicht, die einsamen Herbstspaziergänge, die relative Ruhe, es ist ein Paradies." – „Die relative Ruhe": Was meint der Begründer der Relativitätstheorie damit? Einstein: „Wenn man zwei Stunden lang mit einem netten Mädchen zusammensitzt, meint man, es wäre eine Minute. Sitzt man jedoch eine Minute auf einem heißen Ofen, meint man, es wären zwei Stunden. Das ist Relativität." Er konnte wirklich witzig sein. Relative Ruhe aber mag für ihn geheißen haben: Ruhe vor den Menschen, nicht aber vor den eigenen Gedanken, die ihn unentwegt beschäftigt haben müssen. „Komm nach Caputh, pfeif auf die Welt", hat er seinem Sohn geschrieben. Dann hat er die Segel gesetzt und ist mit ihm über den Templiner See geflogen. Ziemlich mutig für einen Nichtschwimmer. Um zum Haus des Nobelpreisträgers zu gelangen, muss ich kräftig in die Pedale treten, denn es liegt auf einer steilen Anhöhe. Es ist frisch restauriert und kann besichtigt werden, allerdings nicht im Winter und nicht an Werktagen. Zwischen den Zweigen aber kann man immer einen Blick auf das Holzhaus werfen. Wie gerne würde ich mit Einstein auf der Terrasse sitzen, ein Tässchen Tee in der Hand, und mir die Formel E-gleich-m-mal-c-Quadrat erklären lassen.

Wolken ziehen auf, Donner rollen über das Land, es wird immer finsterer. Höchste Zeit umzukehren! Erste Windstöße lassen dicke Tropfen herabregnen, in halsbrecherischer Fahrt sause ich den Einstein-Berg hinab, zurück zur Fähre. Kaum bin ich dort angekommen, zerfetzt ein Zick-Zack-Blitz die plötzliche Düsternis und ein mächtiger Donner lässt alle erschrecken. Das hübsche „Fährhaus" öffnet erst in einer halben Stunde, wir drängen uns dicht an den Stamm einer alten Kastanie. Wuuumm! Wieder zürnt uns der Himmel. Zum Glück aber haben uns die netten Kellnerinnen erspäht und lassen uns ins „Fährhaus" hinein. Schnell verteilen wir uns an die Tische auf der Veranda und schauen zu, wie der Gewitterregen die Havel aufpeitscht. Die Fähre hat schwer mit dem Sturm zu kämpfen, reißt bedenklich an der Kette, die sie über das Wasser führt. Schließlich gibt der Fährmann auf und stellt ein Schild auf: „Geschlossen!" Die Autos müssen warten oder umkehren. Wo mag die nächste Brücke sein? Was soll's – ich stärke mich mit einer ausgezeichneten Spargelsuppe und der obligaten Apfelschorle.

Der Havelabschnitt, den die Fähre hier überbrückt, hat eine etwas makabre Vorgeschichte. Weil man lange keine Brücke bauen oder finanzieren konnte, das Wasser aber für eine natürliche Furt zu tief war, beschloss man in grauen Vorzeiten, eine künstliche Furt zu bauen. Zu diesem Zweck schnappte man sich jeden Pferdekopf, den man erwischen konnte, und pflasterte das Havelbett mit den mächtigen Schädeln, zusammen mit Steinen. Die unheimlichste aller Havelquerungen. Was für ein Gefühl wird das gewesen sein, über die im Wasser verborgenen Knochen fahren zu müssen? Ein Pferdeschädel im Wappen weist heute noch auf Geltows schauriges Bauwerk hin. Und schaurig ging's in Geltow weiter. Als die Rote Armee im Zweiten Weltkrieg den Spieß umdrehte und gen Deutschland marschierte, war man in großer Sorge um den Sarg des großen Friedrich. Niemals durfte dieser Mann in die Hände der Russen fallen. So schaffte man die klapprigen Königsknochen von der Potsdamer Garnisonskirche nach Geltow, wo man sie in einer unterirdischen, bombensicheren Bunkeranlage versteckte, bevor der Sarg kurz vor Kriegsende zur Stammburg der Hohenzollern nach Württemberg verschickt wurde. Tief versteckt im Föhrenwald liegt dieser Bunker, die Nationale Volksarmee der DDR nutzte ihn und das umliegende Areal als Bastion zur Umzingelung West-Berlins, nach den Anschlägen vom 11. September 2001 baute man ihn zu einer Kommandozentrale der modernen Kriegsführung aus, zu einem Einsatzführungskommando der Bundeswehr.

Langsam wird es von Westen wieder heller. Der Regen lässt nach, die Fähre macht eine erste Probefahrt ohne Fahrgäste, dann geht es los. Bald habe ich wieder den Havelradweg unter den Kufen. Mit der B1 quere ich die Havel, linker Hand liegt der Schwielowsee. Er sei „breit, behaglich, sonnig und hat die Gutmütigkeit aller breit angelegten Naturen", hat Fontane hübsch formuliert. Breit und behaglich ist er auch jetzt, sonnig allerdings weniger, denn noch bedecken zerrissene Wolkenfetzen den Himmel. Nach Werder geht's ein Stück die B1 entlang. Die armen Straßenbäume sehen arg zerzaust aus, der Gewittersturm hat ihnen so manchen Ast aus der Krone geschlagen.

Dass die Städte und Dörfer an der Havel oft slawische Namen tragen, beweist, dass auch die Slawen bereits eine reiche Kulturlandschaft geschaffen hatten, anders als es manche überhebliche altdeutsche Chronik glauben machen will. Die Slawen waren keineswegs ungebildete Heiden, sondern verfügten über ein hohes Wissen auch im technischen Bereich. Sie wussten Erz zu gewinnen und zu schmelzen, nutzten Webstühle, kannten sich aus im Bau von Jagdwaffen, ihre Steinmetze klopften Kunstwerke aus Felsbrocken, ihre Architekten erbauten Tempel mit reichem Schmuck. Auch im frühen Mittelalter waren die Völker nicht streng geschieden, sondern betrieben regen Handel mit den unmittelbaren Nachbarn, aber auch über weite Entfernungen, wodurch ein ständiger Austausch von Wissen und Erfahrung stattfand. Von ihren Hafenstädten schickten die Slawen seetüchtige Schiffe über die Ostsee, und auch die ersten Brücken über die Havel zeugten von früher Ingenieurskunst. Der arabische Reisende Ibrahim Ibn Jacub berichtete von einer hölzernen Havelbrücke von der Länge einer ganzen Meile, die er 965 benutzte, um zur Ostsee zu gelangen. Ein wahrhaft stolzes Ausmaß. Den Deutschen allerdings waren die slawischen Holzkonstruktionen zu niedrig, die Havelschiffer mussten ständig die Köpfe einziehen, weshalb man ab dem 12. Jh. höhere Brücken aus Stein zu bauen begann; den Bogenbau hatte man von der Errichtung der Kirchengewölbe abgeschaut. Außer den Ortsnamen erinnert nur noch wenig an die lange Slawenzeit, manch Fundstück einer Siedlung noch in den Heimatmuseen, ein Tongefäß, ein silberner Ring. Die allermeisten Slawen werden im Lande geblieben sein, lebten zunächst in ihrem Kiez, um allmählich mit den Deutschen zu verschmelzen. (Praktischer Hinweis: Wer erleben will, wie die Slawen gelebt haben, der besuche eines der rekonstruierten Slawendörfer in Neustrelitz oder Brandenburg.)

Die letzten Slawen, die auf dem Gebiet der Mark Brandenburg siedelten, sind die Heveller gewesen. Ihr letzter Fürst, Pribislaw, war unter dem Namen Heinrich Christ geworden. Eines Tages wurde er als Pate zur Taufe des Sohnes seines Freundes Albrechts des Bären geladen, jenes entschlossenen Kriegers, der bei Schildhorn Jaxa durch die Havel jagen sollte, und weil Pribislaw/Heinrich keine eigenen Kinder hatte, brachte er dem kleinen Otto ein hübsches Taufgeschenk mit: die Zauche. Mit seinem Tode im Jahr 1150 legte Pribislaw/Heinrich auch den Schlüssel zur Brandenburg in Albrechts Hände. Havelland und Zauche waren nun vereint, rechtes und linkes Havelgebiet, und bildeten zusammen die ursprüngliche Mark Brandenburg, mit Albrecht dem Bären als dem ersten Markgrafen. Doch was kann ein Markgraf ohne ein Volk ausrichten, das zuverlässig hinter ihm steht, noch dazu in unsicheren Zeiten? Wer konnte wissen, ob die Slawen endgültig resignierten und sich dauerhaft assimilierten? Die Tendenz des Menschen, an den Göttern seiner Vorfahren zu hängen, ist groß, Religion und Tradition durchwirken sich aufs Engste und wollen nur allmählich einer neuen Zeit weichen. So griffen Albrecht und Otto zu einem bewährten Mittel: Sie luden Ordensgemeinschaften ein, in die Mark zu kommen und das Land zu besiedeln. Besonders die Zisterzienser, die uns ja schon in Himmelpfort und Zehdenick begegnet sind, waren bekannt für ihren Innovationsgeist. „Ora et labora", die benediktinische Regel, welche sie zu neuem Leben erwecken wollten, entwickelte ihren Zauber auch in der Mark Brandenburg: „Bete und arbeite!" Es ging nicht allein darum, das Christentum durch fromme Worte zu verbreiten, es ging auch darum, durch harte Arbeit zum wirtschaftlichen Aufschwung beizutragen. Und das taten die Zisterzienser. Sie betrieben keineswegs zurückgezogene Andachtsstätten, ihre Klöster waren prosperierende Wirtschaftsunternehmen. Fachleute aus allen Gewerken brachten sie mit. Zum herausragenden Kloster entwickelte sich Lehnin. 1180 von Markgraf Otto in der nördlichen Zauche gegründet, wuchs es zum Hauskloster der Askanier heran, des ersten christlichen Herrschergeschlechts, und auch die Hohenzollern hielten bis zur Reformation an ihm fest. Ein paar Zahlen sollen den Reichtum des Klosters verdeutlichen: Als man es 1542 säkularisierte, erstreckten sich seine Ländereien über fast 5000 Hektar, große Wälder, weite Wiesen und Felder zählten dazu, 54 Seen mit reichem Fischbesatz, neun Wind- und sechs Wassermühlen, 64 Dörfer und eine Stadt. Und in diese Stadt rolle ich nun hinein: Werder.

Werder

Werder bedeutet Insel. Nichts weiter. Insel in einem Fluss. Zu dieser Insel in der Havel gelange ich über eine schmale Brücke. Am Brückengeländer haben Liebende, wie man das so kennt, Schlösser angekettet. Besonders gefällt mir ein rosarotes Exemplar mit reicher Gravur. Jenny und René stehen unter einem Baum in Herzform und küssen sich zart, ein stabiles Schloss, das schon seit dem 24.04.2004 hier hängt. Einfach und etwas ungelenk ein schon verrostetes Messingschloss, auf dem nur ein Name steht: Uli. Drei krakelige Buchstaben, offensichtlich mit einem Edding-Stift gemalt. Kein zweiter Name. Ein seltsames Liebesschloss. Hat Uli eine unbekannte Verehrerin? Oder liebt er sich einfach selbst? Oder stand hier mal ein zweiter Name, der mit Nagellackentferner weggewischt wurde? Aber von wem? Und warum? Fragen über Fragen. Ich reiße meinen Blick von den Schlössern los und schaue auf die Skyline der Insel. Zwei höhere Gebäude fallen auf: der Turm der Heilig-Geist-Kirche und die Flügel einer Bockwindmühle. Jedes Jahr pilgert halb Berlin nach Werder, im Frühjahr, wenn die Bienen summen. Dann nämlich feiert Werder sein Baumblütenfest, und dessen Geschichte ist wiederum mit den Zisterziensern von Kloster Lehnin eng verknüpft. Am 7. Juli 1317 verkaufte Markgraf Waldemar das Städtchen Werder für 244 Silbermark an das Kloster. Rings um Werder begannen die Mönche auf ihren neuen Besitzungen Obst anzupflanzen, Äpfel, Birnen und Kir-

Bootspartie auf der Havel bei Werder

schen. Diese Tradition wurde weiter gepflegt und ausgebaut, Werder wuchs zu einem fruchtigen Städtchen heran, besonders nach dem Dreißigjährigen Krieg, als gartenkundige Holländer einwanderten: Erdbeeren, Kirschen süß und sauer, Johannis-, Stachel- und Himbeeren, Aprikosen, Pfirsiche und Pflaumen reiften gar köstlich heran. Über die Havel wurden die Früchte nach Berlin transportiert, die größeren sorgfältig in Weinblätter gewickelt, welche man auf eigenen Weinbergen erntete. Zuerst nutzte man „Schuten", wie man in Werder die Transportschiffe nannte, dann fuhr man unter Dampf mit der „Maria Luise" und später mit „König Wilhelm".

Doch warum soll der Prophet immer zum Berg kommen? Wilhelm Wils vom örtlichen Obstbau-Verein kam auf die Idee, den Höhepunkt der Obstblüte in den Berliner Zeitungen zu verkünden. Der Gedanke zündete: Am 10. Mai 1879 kam der erste Berliner Baumblütensonderzug nach Werder gedampft, und als sich die weißen Rauchschwaden verzogen, staunten die Großstädter über die weißen Blütenwolken allüberall auf den Wiesen. Heute ist das Baumblütenfest ein fröhliches Volksfest in und um Werder, mit Musik, Festumzug, Baumblütenlauf und natürlich dem Ball mit Kür der Blütenkönigin. Auch eine Spargel-

und eine Gurkenkönigin gibt es ja im Berliner Umland, eine Blütenkönigin zu werden aber scheint mir doch weit attraktiver. Ich nehme mir vor, mich umzusehen. Ein Kuss der Blütenkönigin soll Glück bringen. Natürlich nur, wenn der Blütenkönig gerade nicht in der Nähe ist. Sonst blüht einem vermutlich was ganz anderes, am Ende ein Veilchen ... Der Einwand, einmal sei keinmal, zählt übrigens nicht. Wie sagte schon Jean Paul? „Zehn Küsse sind schnell vergessen, ein einziger aber kann ein Leben lang brennen."

Ich verlasse die Inselstadt wieder und komme an einem Haus vorbei, das sich als altes Brauhaus ausweist. „Werder" ist einmal eine bekannte Biermarke gewesen und wurde, weil sehr nahrhaft, auch stillenden Müttern wärmstens empfohlen. Die Wände dieses Hauses sollen bis zu 1,85 m dick gewesen sein, ein Bierkühlhaus, in dem man im Winter das Eis der Havel lagerte und damit den ganzen Sommer über kühles Bier ausschenken konnte. In Werder ließ es sich leben!

An der Backsteinmauer einer Schule ist eine Gedenktafel aus Bronze angebracht, die mich bremsen lässt. Zu sehen ist das verzerrte Gesicht eines jungen Menschen, die Augen geschlossen, den Mund wie zu einem Schrei geöffnet. Daneben acht Namen: Günter Beggerow, Johanna Kuhfuß, Karl-Heinz Kuhfuß, Günther Nawrocki, Wilhelm Schwarz, Joachim Trübe, Heinz Unger, Inge Wolff. Junge Leute die meisten, kaum 20 Jahre alt. Was ist ihre Geschichte?

Die Helden von Werder

Als der Zweite Weltkrieg vorbei ist, beginnt eine Zeit der Hoffnung für viele junge Menschen. Mit dem Fall der Nazidiktatur tun sich endlich die ersehnten Freiheiten auf, weht ein frischerer Wind, kann man daran gehen, das Land mitzugestalten, ein neues, ein besseres Deutschland zu schaffen. Auch in dem Städtchen Werder herrscht Aufbruchsstimmung bei der Jugend. Endlich kann man wieder ohne Angst seine Meinung sagen, sich mit Freunden zusammenschließen, Pläne schmieden.

Doch die Euphorie hält nicht lang an. Eine neue staatliche Jugendorganisation macht sich breit, durchdringt alle Bereiche ihres Lebens: die FDJ. Per Dekret wird das Schulparlament aufgelöst und durch eine

FDJ-Gruppe ersetzt. Die jungen Leute aus Werder sind entsetzt. Wie kann das sein? Sie haben ihr Parlament doch frei gewählt! Doch Wahlen zählen nicht mehr, es zählt nur noch eines: was die neue Einheitspartei beschließt. Zwangsweise hat man SPD und KPD zur SED vereinigt, auf Druck der russischen Besatzer. Die SED hat nun das Sagen im Land, jede andere Meinung wird unterdrückt. Die Schüler verstehen die Welt nicht mehr. Selbst ihre Tischtennisgruppe wird verboten. Viele wollen sich das nicht gefallen lassen, protestieren. Sie werden von der Schule entfernt, werden nicht zur Oberschule, nicht zum Studium zugelassen. Zum Glück ist der Weg nach West-Berlin nicht weit, wer will, kann dort seine Ausbildung fortsetzen. Doch das kann ja wohl nicht die Lösung sein. Überall in Deutschland solle das freie Wort gelten, auch in der DDR! Zu lange hat Diktatur in Deutschland geherrscht, soll die nun durch eine neue Diktatur ersetzt werden?

Im Oktober 1950 stehen Wahlen an, Wahlen zur Volkskammer der DDR. – Wahlen? Zugelassen sind nur Einheitslisten, viele Parteien verboten oder gleichgeschaltet. Was soll die Farce einer Wahl? Die verschworene Gemeinschaft der Jugendlichen aus Werder beschließt, sich zu wehren, gegen die Pseudowahl in den Kampf zu ziehen. Ein paar Jungs fahren nach West-Berlin, besorgen sich eine Kanone. – Es ist keine gewöhnliche Kanone, die sie heimlich nach Werder geschafft haben: Mit ihr lassen sich Kapseln in den Himmel schießen, die sich in der Luft öffnen. Dann regnen Flugblätter hinab, hunderte, tausende.

Es ist ein ungleicher Kampf. Mit ihrer ganzen Brutalität schlägt die Staatsmacht zurück. So etwas wird man sich nicht gefallen lassen, wofür hat man den Staatssicherheitsdienst, wofür die Spitzel? Bald weiß man, wer hinter den Protestaktionen steckt, bald kennt man die Namen der jungen Leute. Im Juni 1951 schlägt die Stasi zu. 24 junge Frauen und Männer werden in Werder und der Umgebung verhaftet, werden in das Stasi-Gefängnis nach Potsdam gebracht, werden vernommen, wieder und wieder. Nicht alle von ihnen überleben.

Am unteren Rand der Gedenktafel steht der Satz: „Sie wurden 1952 vom Sowjetischen Militärtribunal zum Tode verurteilt und in der Moskauer Lubjanka erschossen." Die Helden von Werder.

Die „Blütenstadt" Werder

Wichtig, dass die Schule an diese Ereignisse erinnert. So schnell vergisst man, was geschah und was für große Errungenschaften Freiheit und Demokratie sind. Nichts daran ist selbstverständlich. Dankbar müssen wir allen sein, die sich mit ihrem Leben für die Bürgerrechte eingesetzt haben.

Beim Hinausfahren aus Werder wieder Obstbäume, die Parade stehen. Hoffentlich hat der Sturm den Früchten nicht zu arg zugesetzt. Die Kirschen könnten bald soweit sein. Besonders schön wird es hinter Phöben. Man hat der Havel einen Deich gegönnt, und genau auf dessen First rolle ich nun entlang und fühle mich wie der Deichgraf persönlich. Von der erhöhten Position geht der Blick weit über die Auenlandschaft, „Bruch" nennen sich die Wiesen, „Phöbener Bruch", „Schmergower Bruch". Einen Reiher sehe ich, ein Kranichpärchen und einen Kormoran. Deren Tisch muss hier reich gedeckt sein. Frösche hör ich quaken und auch an Fischen ist natürlich kein Mangel. Bevor man die Deiche errichtet hat und den Flusslauf der Havel regulierte, kam es regelmäßig zu Überschwemmungen. Diese hatten durchaus ihr Gutes, sorgten sie doch dafür, die Wiesen kräftig zu durchnässen und zu düngen, so dass man reichlich fettes Heu ernten konnte. Ein Großteil wurde als Treibstoff nach Berlin verschifft: Die Transportpferde der Hauptstadt tankten damit frische Energie. Nachhaltiges Wirtschaften anno dazumal.

„Achtung Havelfähre Ketzin–Schmergow", heißt es plötzlich, und da kommt sie auch schon angefahren. Soll ich erneut übersetzen und dem Havelradweg untreu werden? In Ketzin soll es ein hübsches Schlösschen geben, das Schloss Paretz, eine weitere Sommerresidenz des Kronprinzen Friedrich Wilhelm und seiner Frau Luise. Ein Kleinod sicherlich, doch ich beschließe, hart gegen mich selbst zu sein. Wie viele Schlösser habe ich heute schon gesehen? Gefühlte hundert. Irgendwann muss Schluss sein.

Weiter geht's auf dem Deich dahin. Hin und wieder sogar Rückenwind, so dass ich zum Segler werde. So weit ist das Land und so grün. Immer wieder verzweigt sich die Havel und immer wieder finden die Äste zusammen. Breit ist der Fluss geworden, ein richtiger Strom, der die dünnbesiedelte Landschaft durchzieht. Je weiter man sich von Berlin und Potsdam entfernt, desto stiller wird das Land.

Hügel tauchen vor mir auf, ein seltener Anblick. An dem ersten, den ich hinaufmuss, wächst Spalierobst in ordentlichen Reihen, auf dem zweiten sind schwere Baumaschinen unterwegs. Schön ist es, den Berg wieder hinunterzurollen. Malerisch im Havelknie liegt der kleine Ort Deetz, dessen Feldsteinkirche um 1170 vom Kloster Lehnin errichtet worden ist, zahlreiche kleine Waldseen sind durch Tonabbau entstanden, ähnlich wie das Gelände bei Zehdenick. Der Hunger der Berliner nach Backsteinen war unersättlich. Erfahrene Berliner können anhand der Färbung der Steine erkennen, aus welcher Havelgegend sie stammen.

Natürlichen Ursprungs ist der Trebelsee, auf dem ich zwei wilde Surfer entlangjagen sehe. Sie müssen aufpassen, denn mitten durch den See verläuft die Fahrrinne der Havel. Kollisionsgefahr!

Am Wegesrand dann die erhoffte Einkehrmöglichkeit, ein kleines Lokal mit Biergarten. Das Wirtspaar stammt zur Hälfte von der Havel und zur Hälfte aus Italien. Der hagere Wirt verkauft sogar die Fruchtsäfte aus seiner Heimat, und das hier im Heimatland der Fruchtsäfte!

Ich setzte mich nach draußen unter einen Schirm und bestelle mir italienischen Cappuccino und einen Havelländer Apfelkuchen. Durch die geöffnete Tür kann ich erkennen, wie sich der italienische Wirt Spaghetti mit Rotwein schmecken lässt. Plötzlich scheinen er und seine Frau sich zu fragen, wo ihr Hund steckt. Lebhaft stürzen sie aus dem Haus und rufen nach ihm in alle Himmelsrichtungen: „Massimo! Massimo!" Doch bis auf ein entfernt klingendes Bellen erfolgt keine Reaktion. Wieder und wieder rufen die beiden, laufen in entgegengesetzten Richtungen den Havelradweg entlang, kein Erfolg. Mit einem Mal schlägt sich der Italiener lachend vor die Stirn, geht zu seinem Auto, das neben dem Lokal parkt, und öffnet die Fahrertür. Mit einem Satz stürmt Massimo aus seinem Gefängnis und springt vor Freude bellend an seinem Herrchen hoch.

Brandenburg an der Havel

Auf Deichen geht es weiter, am Götzer Berg vorbei, auf dem ein Aussichtsturm steht. In Gollwitz wieder ein Schlösschen und eine schöne alte Dorfkirche, dann ist Brandenburg erreicht. Ich beschließe den höchsten Punkt der Stadt anzusteuern. Mühsam quäle ich mich den Harlungerberg hinauf, eine Quetschmoräne von stattlichen 68,6 m Höhe, welche der Sage nach nicht durch die Gletscher der letzten Eiszeit vor 18.000 Jahren entstanden ist, sondern durch ein kindliches Missgeschick: Einst spielte die Tochter eines Riesen im Haveltal und schaufelte sich den feinen Sand großzügig in ihre Riesenschürze. Das aber gefiel dem Teufel nicht, er schnitt ihr eine Grimasse und drohte mit seiner Feuergabel. Da lief die Riesentochter erschrocken davon, auf der Flucht aber riss ihr ein Schürzenband und der Sand rutschte zur Erde. Fertig war der Harlungerberg!

Brandenburg an der Havel mit Katharinenkirche

Triglaw und der Marienberg

Erinnern Sie sich noch an Jaxa? Den slawischen Fürsten? Als er in Todesnot die Havel durchquerte, soll er ja Triglaw angerufen haben, den slawischen Kriegs- und Stammesgott. Auf dem Harlungerberg, dem heutigen Marienberg, stand im frühen Mittelalter ein hohes slawisches Heiligtum, mit einer kunstvollen gearbeiteten Statue des Gottes. Triglaw soll drei Köpfe besessen haben, die für Himmel, Erde und Hölle standen, in den Händen trug er einen gehörnten Mond. Als die neuen christlichen Herrscher seinen Tempel im 12. Jh. niederrissen und die stattliche, viertürmige Marienkirche auf seinen Fundamenten errichteten, gewährte man ihm in dem christlichen Gotteshaus Asyl – weniger ein Zeichen früher Ökumene, vielmehr ein geschickter Schachzug, mag es doch auf diese Weise leichter gelungen sein, die slawische Bevölkerung zum Kirchgang zu bewegen. Erst im 16. Jh., als die slawischen Götter endgültig ausgedient hatten, musste auch Triglaw verschwinden. Es heißt, die Statue wurde 1526 an den dänischen

König verschenkt. Ihre Spur hat sich leider verloren, keiner der drei Köpfe ist je wieder aufgetaucht, weder Himmel, Erde noch Hölle.

Die Marienkirche war eine der wichtigsten Wallfahrtskirchen weit und breit, Pilgerströme ließen die Stadt Brandenburg aufblühen. Mit der Reformation aber wurden Wallfahrten unmodern, und so verfiel der für seine einzigartigen Proportionen gerühmte Kreuzbau. Bettler und anderes Gesindel nisteten sich in den Ruinen ein, und so beschloss Friedrich Wilhelm I. von Preußen 1722, das romanische Bauwerk abreißen zu lassen. Die Ziegel wurden bis auf die Grundmauern abgetragen, viele wurden über die Havel nach Potsdam verschifft, wo sie unter anderem beim Bau eines Militärwaisenhauses Verwendung fanden. Ein Jahrhundert später soll Friedrich Wilhelm IV. angeblich geplant haben, die stolze Kirche wieder zu errichten, dann aber ging das Bauprojekt Kölner Dom vor, wollte man den Franzosen doch beweisen, dass die Deutschen die schönsten gotischen Dome zu bauen in der Lage waren. Statt einer Kopie der alten Marienkirche stellte man 1832 einen hohen Mast auf den Hügel, an dem sich sechs seltsame Arme bewegten, eine frühe Form des Fernsprechers. Wollte der preußische König eine wichtige Nachricht in die Rheinprovinz schicken, so wurde diese in eine Art Flügelsprache übersetzt. Auf dem Marienberg stand ein Wächter, der mit Argusaugen und wohl auch mit einem Fernrohr bewaffnet nach Osten schaute, hinüber zu der vor ihm liegenden Telegrafenstation. Bewegten sich deren Flügel, beeilte sich der Postbeamte, die Flügelstellungen auf dem Marienberg exakt nachzuahmen, auf diese Weise eilte die Depesche von Hügel zu Hügel, von Turm zu Turm, mitten durch das große Preußenland bis nach Koblenz hinunter. Wehe, ein Wächter schlief! Dann gab's Ärger! Wie lange die Botschaft unterwegs gewesen sein wird? Nehmen wir an, jeder Stationsvorsteher brauchte eine Minute, die Arme seines Masten in der korrekten Weise zu bewegen, so wussten die Koblenzer schon eine Stunde später, wie der König in Berlin geschlafen hatte, denn der optische Telegraf bestand aus 62 Stationen, von der alten Sternwarte in Berlin bis zum Koblen-

Stadt Brandenburg: Blick vom Harlungerberg

zer Schloss. 1850 sägte man den Mast wieder ab, denn man hatte sich für modernere und noch schnellere Kommunikationswege entschieden. Was nun mit dem Marienberg? Nach dem gewonnenen Krieg 1870/71 und der Krönung des preußischen Königs zum deutschen Kaiser im Spiegelsaal von Versailles fing man an, ein monumentales Kriegerdenkmal zu errichten, das zugleich als Aussichtsplattform diente, 1880 war es fertig. Vier Helden zierten seine Strebepfeiler, Albrecht der Bär, Kurfürst Friedrich I., der Große Kurfürst und natürlich Kaiser Wilhelm I. Wer fehlte, das war der Architekt des deutschen Kaiserreichs, Fürst Bismarck. Er sollte sein eigenes Denkmal bekommen, ein Stückchen hügelabwärts; ab 1908 schaute die Bismarckwarte über Fluss und Land.

Ob es am Klima des Marienberges liegt oder an dem alten Fluch des Teufels? Weder dem Kriegerdenkmal noch der Bismarckwarte war ein langes Leben beschert, obwohl man sie aus rustikalen Natursteinen gefertigt hatte, Findlingen aus dem Havelland. Ersteres erledigten die Alliierten im Zweiten Weltkrieg, Letztere die DDR im Jahr 1974. Zwar hatten die Brandenburger, um es zu retten, ihr Bismarckdenkmal gleich nach dem Krieg in Friedenswarte umgetauft, doch auch das half ihm nichts. Man sprengte es und pflanzte eine Art Fernsehturm auf den Hügel, von dem aus man prächtig in die Ferne sehen konnte, der jedoch die Fernseher mit nicht der kleinsten Funkwelle versorgte. Auch dieser Turm trägt den Namen Friedenswarte, leider zu Recht, denn auf friedliche Zeiten wartet die Welt bis heute.

Ich setze mich vor das letzte Relikt des Bismarckdenkmals, die ehemalige Wächterwohnung, die man zum Glück nicht in die Luft gejagt hat. Zwinkernd verenge ich die Augen, schaue zu dem Turm hinauf und versuche mir vorzustellen, was spätere Generationen wohl alles auf den Marienberg bauen werden. Davon auszugehen, dass alles so bleiben wird, ist ein frommer Irrtum, wie die Geschichte lehrt.

Munter bin ich den Berg wieder hinuntergesaust. Auf den nächsten Programmpunkt freue ich mich besonders. Vorsichtig schaue ich mich um. Sieht auch wirklich niemand zu? Es ist doch ein wenig peinlich, wenn ein Mann meines Alters eine knallgelbe Quietsche-Ente aus der Tasche zieht. Ich stehe am Ufer der Havel. Mit echtem Havelwasser getauft wurde einer der größten Humoristen, die Deutschland hervorgebracht hat, Vicco von Bülow, besser bekannt als Loriot.

Loriot oder die Badeente auf der Havel

Loriot wurde am 12. November 1923 in Brandenburg geboren. Die Ehe der Eltern war nicht glücklich, kaum vier Jahre alt kam Vicco mit seinem jüngeren Bruder zu Großmutter und Urgroßmutter nach Berlin. Wann wird sich sein komödiantisches Talent erstmals gezeigt haben? Neben den vielen alltäglichen Katastrophen, den „Tücken des Objekts", beschreiben viele seiner Geschichten die Unfähigkeit oder Unbeholfenheit des Menschen, sich dem anderen mitzuteilen. Jede Form der Konversation wird von Missverständnissen zerstört, im besten Fall redet man aneinander vorbei, im schlimmeren Fall ergeben sich haarsträubende Grotesken. Unvergesslich die Diskussion des alten Ehepaars über die richtige Härte des Frühstückseies. („Dann stimmt etwas mit deinem Gefühl nicht!") oder der Heiratsantrag mit Nudel („Sagen sie jetzt nichts."). Mein persönlicher Favorit: das Gespräch der beiden knollnasigen Herren in der Badewanne („Ich möchte nicht unhöflich erscheinen, aber ich wäre jetzt gerne allein."). Nachdem die Frage geklärt ist, wer von beiden das Recht hat, das Badewasser ein- bzw. auszulassen („Ich entscheide persönlich, ob ich mit Wasser bade oder ohne."), taucht der nächste Konfliktpunkt auf, die Badeente, („Die Ente bleibt draußen!"). Erst nach einer längeren Diskussion kann die Frage durch ein Wetttauchen entschieden werden („Aber ich kann länger als Sie!"). Ein winziges Detail verrät, wie Loriot mit einem einzigen Wort, das noch nicht mal ein richtiges Wort ist, eigentlich nur eine Interjektion, humoristische Akzente setzen kann. Es handelt sich um ein schlichtes „Ach". Erinnern Sie sich? Müller-Lüdenscheidt: „Ich sitze gerne mal ohne Wasser in der Wanne." Dr. Kloebner: „Ach." Müller-Lüdenscheidt: „Was heißt ‚Ach'?" Dr. Kloebner: „Ich hätte auch ‚Aha' sagen können, aber ich wollte meiner Verwunderung darüber Ausdruck verleihen, dass sie es vorziehen, ohne Wasser in der Wanne zu sitzen."

Das größte Kompliment, was man einem Künstler machen kann, ist das Zitat. Dieses „Ach", in dem speziellen loriotschen Tonfall gesprochen, wurde jahrelang imitiert. Natürlich lebt der Badewannensketch auch von den wunderbar skurrilen Zeichnungen. Loriot, ein echtes Multitalent, hatte in Hamburg Malerei und Grafik studiert. Zu seiner Geburtsstadt Brandenburg bewahrte er sich eine enge Beziehung. Seine Stiftung unterstützt weiter viele Projekte für Kinder und Jugendliche, insbesondere im Bereich der Musik, der er in inniger Weise verbunden gewesen ist (auch als Dirigent!). Mit den Stiftungsgeldern wird

Die Loriot-Gedächtnis-Ente

außerdem der Erhalt bedeutender Kulturgüter finanziert; so sorgte Loriot dafür, dass in der Brandenburger St.-Gotthardt-Kirche die historische Taufkapelle aufwendig restauriert worden ist. Dort hatte man einst auch den kleinen Sohn des Brandenburger Polizeileutnants von Bülow mit Taufwasser übergossen.

Loriot zu Ehren habe ich mir die kleine Badeente besorgt, für 1,90 € im Drogeriemarkt. Es ist eindeutig ein sehr weibliches Exemplar. Natürlich kann ich sie nicht im Taufbecken schwimmen lassen, da hätte der feinsinnige Humorist vermutlich protestiert. Und erst recht der Herr Pfarrer: „Die Ente bleibt draußen!" Die Havel

„Ach." – Herr Müller-Lüdenscheidt ohne Wanne

scheint da schon passender. Also – hopp! – ab ins Wasser! Ob Loriot mir dabei zusehen kann? Er starb im August 2011 am Starnberger See und liegt unweit der Havel in Berlin begraben. Wie hieß es so schön in einer seiner Todesanzeigen? „Lieber Gott, viel Spaß!"

Lustig schaukelt die Ente über die Wellen, rasch treibt sie ab. Doch plötzlich schwimmt ihr eine echte Ente hinterher, hackt auf die gelbe Kollegin ein und bringt sie zum Kentern. Als ich mich umschaue, bemerke ich, dass mich jemand beobachtet hat, verflixt! Eine gemütliche Dame schaut der Ente verwundert hinterher, dann lacht sie. Auch ich muss grinsen. Als ich ihr den Hintergrund meiner Badeentenaktion erkläre, sagt sie mir, dann müsse ich mir aber unbedingt auch die Statue von Herrn Müller-Lüdenscheidt ansehen. Statue? Von Müller-Lüdenscheidt? Die Dame erklärt mir den Weg, ich danke und radle los. Tatsächlich! Herr Müller-Lüdenscheidt! Nicht im Bad, sondern ordentlich gekleidet sitzt er auf seiner Bank am Rathaus, gleich gegenüber dem riesigen Roland. Ich setzte mich zu der Knubbelnase und schieße ein Selfie. Bitte sagen Sie jetzt nichts!

Was gibt es sonst noch in Brandenburg zu sehen? Jede Menge. Als nächstes komme ich an der ehemaligen Klosterkirche St. Pauli vorbei, vor der eine Jugendkapelle ABBAs „Dancing Queen" intoniert. Als ich das Kircheninnere betrete, sehe ich eine Reihe weißgekleideter Männer auf dem Boden knien und sich verneigen. Priester? Mönche? Ministranten? Weder noch! Es handelt sich um Judoka, die gleich darauf auf einer ausgerollten himmelblauen Matte zu kämpfen beginnen. Die Zeiten ändern sich! Man hat die Kirche aus dem 13./14. Jh. aufwendig restauriert, glücklicherweise, zählt sie doch zu den gelungensten Beispielen der Backsteingotik. In den angrenzenden Klosterräumlichkeiten befindet sich das Archäologische Landesmuseum Brandenburg mit reichen Funden aus 50.000 Jahren. Unbedingt anschauen!

Nun radle ich durch den mittelalterlichen Stadtkern. Erstaunlich, was man noch alles erhalten hat, nirgendwo sonst im Land Brandenburg ist ein solch geschlossenes Ensemble noch zu bewundern. Ich komme an der sehenswerten St. Katharinenkirche vorbei und erreiche über einen Havelarm die Dominsel. Und ich habe Glück! Obwohl der Dom mittwochs schon um Mittag schließt, finde ich die Tür geöffnet. Grund ist ein Orgelkonzert am Abend. Als ich den Chorraum betrete, ist der Künstler gerade dabei, sich mit dem Instrument vertraut zu machen. Die Akustik ist einzigartig. Hell schweben die Töne durch den hohen Raum und spielen mit ihrem eigenen Echo. Die Rückwand des Chors beherrscht ein schöner Flügelaltar, Maria mit dem Kind steht im Zentrum, flankiert von Petrus und Paulus, der Lehniner Altar. So manches hat man über die Zeiten auf der Havel verschifft, Getreide, Salz, Holz, Heu, Backsteine, Industriegüter, Schildkrötenpanzer ... Einer der wertvollsten Transporte aber fand im Jahr 1552 statt, die Havelfahrt dieses Altars. Als man zur Zeit der Reformation – wie so viele andere Klöster auch – Kloster Lehnin aufhob, das älteste der Mark Brandenburg, hatte Kurfürst Joachim II. verfügt, den schönen Altar der Klosterkirche nach Berlin-Cölln zu

Ehemalige Klosterkirche St. Johannis in Brandenburg an der Havel

bringen und in der dortigen Stiftskirche aufzustellen. Mit dem neuen Standort aber schien man nicht zufrieden gewesen zu sein, so dass Joachim das Schnitzwerk dem Brandenburger Domkapitel schenkte. Kein leichtes Unterfangen, ein solch gewaltiges und zugleich fragiles Werk auf die Reise zu schicken. Das Rechnungsbuch des Domkapitels deutet den Aufwand an: Bezahlt werden mussten der Maler, der den Altar in Cölln auseinandernahm und im Brandenburger Dom wieder zusammensetzte, und die Pulsanten, die Glöckner im Neuen Stift zu Cölln, die ein Trinkgeld dafür erhielten, die Altarteile hinunter zur Spree zu tragen und auf ein dort vertäutes Schiff zu verladen. Von Cölln ging die Fahrt auf der Spree bis Spandau, von dort die Havel abwärts über den Tegeler und den Wannsee durch Potsdam hindurch, weiter nach Brandenburg. Hier wurde der Altar ausgeladen, zum Dom hinaufgetragen und dort wieder fachgerecht zusammengesetzt. Was für ein Aufwand!

Ich befinde mich in der „Wiege der Mark", der Dom wird auch als Mutter aller brandenburgischen Kirchen bezeichnet. Zahlreiche weitere Kunstwerke schmücken ihn aus, einzigartig die Putzmalereien in der „bunten Kapelle" oder der bewegende Schmerzensmann in der Krypta. Den Reichtum im Inneren vermutet man nicht, wenn man den Dom von außen betrachtet, denn da wirkt er eher wie eine Trutzburg, schlicht und abwehrend. Schöne, alte Backsteinkirchen könnte ich mir in der Stadt noch so manche anschauen. Was Potsdam an Schlössern hat, das hat die Stadt Brandenburg an Kirchen. An schönsten gotischen Backsteinkirchen. Warum man wohl Potsdam und nicht Brandenburg zur Landeshauptstadt gemacht hat? Brandenburg ist ja der eigentliche, der ursprüngliche Sitz der Markgrafen gewesen.

Unten an der Havel komme ich an der alten Pegelstation vorbei. Der rote Pfeil zeigt genau nach oben, der schwarze nach unten. Was heißt das nun? Ich schätze mal, Mittelwasser, altes Landei, das ich bin. Für die Schiffer war die Kenntnis des Wasserstandes natürlich elementar. Zu wenig Wasser war nichts, da saß man schnell auf dem Trockenen, zu viel Wasser war auch nichts, zu leicht blieb man da an einer Brücke hängen. Ich sitze wieder auf und komme eher zufällig an einem modernen Gebäude vorbei, einem graugestrichenen Kubus, auf dem wieder die Worte „Gedenkstätte, Memorial" prangen. Ein KZ, auch in Brandenburg?

Die Ausstellung ist erschütternd. Ich erfahre, dass man die ermordeten Menschen ursprünglich noch auf dem Zuchthausgelände verbrannt hatte. Die Leichen aber waren so zahlreich und die Schornsteine des Krematoriums so niedrig, dass des Öfteren Flammen aus ihnen schlugen und die Bürger von Brandenburg verängstigten. Die Nazis verlegten das Krematorium schließlich aus der Stadt hinaus. Niemand sollte erfahren, was an diesem Ort passierte.

Im Sommer 2012 öffnete die Gedenkstätte in den noch erhaltenen Räumlichkeiten. Hier gibt man den Toten das einzige, was man ihnen noch geben kann: die Erinnerung und die Anteilnahme der Nachwelt.

Es ist kühl geworden, ich ziehe mir meine Fleecejacke über. Man kann ihr nicht entkommen, der Vergangenheit. So erschütternd diese Geschichten aber auch sind, ich bin froh, dass sie weitererzählt werden.

Am Möserschen See

Beim Hinausradeln aus Brandenburg komme ich an einem Kirchlein vorbei, einer kleinen Backsteinkapelle. „Im Jahr 1892 wurde diese Kapelle zur Verbreiterung der Straße um 11 m nach Westen verschoben." Eigentlich würde der Havelradweg mitten durch die Kapelle hindurchführen. Eine Kirche zu verpflanzen, statt sie abzureißen – ein liebenswürdiger Zug der Brandenburger.

Die Bundestraße 195 führt mich und den Havelradweg endgültig aus der Stadt hinaus, in Wilhelmsdorf geht's nach rechts ab, hinunter zu einem echten Traumabschnitt. Der Radweg führt nun entlang des Ufers des Möserschen Sees, der noch dazu im schönsten Abendlicht leuchtet. Es riecht nach frischem Kiefernwald, Sanddünen erheben sich sanft und der See glitzert weit hinaus, fast wie ein Meer. Ähnliche Stimmungen habe ich an der Ostsee erlebt, an der Kurischen Nehrung und auch an der südlichen Atlantikküste Frankreichs. An einer kleinen Landzunge dümpeln schmucke Jachten und warten auf einen neuen, schönen Tag. Parallel zu einer Bahnlinie schlägt der Radweg einen Bogen nach Norden, ich erreiche Kirchmöser, fahre an einer alten Eisenbahnersiedlung vorbei, die Reihenhäuser alle frisch herausgeputzt und mit Blumen vor den Fenstern.

Man sollte mal moderne Stadtplaner hierherschicken, die Siedlung ist ein schönes Beispiel dafür, wie man einfachen Häusern Schönheit und Würde verleiht. Kirchmöser hat eine lange Eisenbahntradition, alte Fabrikanlagen kommen in den Blick, eine ehemalige Pulverfabrik ist darunter, die man besichtigen kann, wahrscheinlich allerdings nur als Nichtraucher. Eine Frau, die hinter mir radelt, bremst, als ich ein Foto schießen will. Sehr aufmerksam! Obwohl, „Frau vor Pulverfabrik" ist auch kein schlechter Fototitel. Ein hoher Obelisk ist zu umkurven, dann geht's über eine geschwungene Brücke und ich habe mein Ziel erreicht: Plaue.

Fontane auf Wanderung

Plaue

Ein verwunschener Ort, der kleine Schlosspark, zwei große Tiere schauen still über die Havel, das eine ist ein Bär, das andere möglichwese eine Gams, jedenfalls trägt es auffällige Hörner. Da beide aus Stein gehauen sind, stört sie mein abendlicher Besuch nicht, auch der freundliche Herr, der mir entgegentritt, scheint in keiner Weise überrascht. Theodor Fontane ist es, der höflich seinen Hut ziehen will. „Am Schönsten aber ist es doch am Rand des Sees, wo Weidicht und Rohr abwechseln. Besser: hoch das Rohr steht. Es ist wie zu Johann von Quitzows Tagen. Hier sitzen im Abendschein. Dann rauscht und raschelt es. Man horcht auf und fröstelt, als führe Quitzow heraus." Das Zitat des großen märkischen Dichters spielt auf eine Familie an, die wie keine zweite die Mark Brandenburg in Angst und Schrecken versetzt hat.

Die Quitzows

Raubritter gab es in Brandenburg viele, aber niemand war gefürchteter, als Dietrich von Quitzow und sein Bruder Johann. Die Untaten der beiden haben sich tief ins kollektive Bewusstsein der Brandenburger eingebrannt. Nach dem Tode Kaiser Karls VI. 1378 war ein Machtvakuum entstanden. Seine Nachfolger interessierten sich nicht groß für das Land an der Havel, und so kamen die Quitzows auf die Idee, sich kräftig in der Nachbarschaft zu bedienen. Sie legten sich eine schlagkräftige Truppe zu und zogen raubend und plündert die Havel entlang. Mal paktierten sie mit dem einen, mal mit dem anderen, Hauptsache es gab reichlich Beute. Bötzow eroberten sie, das spätere Oranienburg und das strategisch wichtige Köpenick. Den Berlinern und Cöllnern gaukelten sie zunächst Freundschaft vor, dann pressten sie sie aus wie eine Zitrone und ließen alle Rindviecher aus ihren Mauern treiben.

Man wurde dem finsteren Treiben nicht Herr, bis König Sigismund einen Nürnberger Spezl nach Brandenburg schickte und zum neuen Markgrafen bestimmte, den Burggrafen Friedrich. Zunächst lachten die Quitzows. Der neue Herr werde sich wundern, dem werde man Flötentöne beibringen! Doch der Nürnberger erwies sich als harter Hund. Was kaum einer geglaubt hatte, er gewann eine Schlacht nach der anderen und verfolgte Dietrich bis zu seiner Burg Friesack. Dort glaubte sich der Raubritter sicher, doch der Markgraf hatte eine neue Geheimwaffe mitgebracht, die „Faule Grete". Gar nicht faul feuerte sie ihre mächtigen Kugeln ab, Friesack flog in Stücke und Dietrich musste fliehen. Während sein Bruder Hans einsah, dass die schöne Zeit des Raubritterns vorbei war und sich ergab, nachdem er sich in Plaue im Röhricht versteckt hatte, versuchte Dietrich ein Comeback. In den Stettiner Herzögen fand er Verbündete für neue Raubzüge. Als den Stettinern jedoch wegen dieser Allianz die Reichsacht angedroht wurde, ließen sie ihn wie eine heiße Kartoffel fallen. Erschöpft und verarmt starb der Erzschurke auf der Burg seiner Schwester Mathilde auf Schloss Harbke. Eine neue Zeit war für die Mark Brandenburg angebrochen. Friedrich aus Nürnberg stammte aus dem Haus der Ho-

Schloss Plaue, direkt am Plauer See gelegen

henzollern. Diese sollten für die nächsten 500 Jahre die Geschicke des Landes bestimmen.

Ich grüße Fontane freundlich zurück und biege ab zum Schloss, dessen Wirtschaftsgebäude man zu einem Hotel mit Restaurant umgebaut hat. Letzteres ist gut besucht, ein Tisch auf der Terrasse direkt an der Havel aber ist noch frei und ich lasse mich erschöpft, aber glücklich nieder. Zur Vorspeise bestelle ich mir einen gemischten Fischteller, dazu ein erstes Weißbier. Als der Fisch kommt, spüre ich etwas um meine Füße streichen. Eine Katze! Keinen besseren Vorkoster kann es geben. Nur wenn der Fisch wirklich frisch ist, wird die Mimmi davon probieren. Ich lege eine Probe auf meinen Finger, gierig leckt meine Vorkosterin sie ab. Auch mir schmeckt der Fisch. Und weil er bekanntlich schwimmen muss, bestelle ich mir gleich noch ein zweites Bier. Den Porzellanteller wische ich mit dem Brot sauber. Porzellan, ein ganz besonderes Material!

Porzellan aus Plaue

Die große Zeit Plaues ist eng mit dem Namen Friedrich von Görne (1670–1745) verknüpft, preußischer Geheimrat und Kammerpräsident. Er kaufte die Trümmer des alten Plauer Schlosses, das im Dreißigjährigen Krieg arg gelitten hatte, lag der Ort doch auf der Durchmarschstraße zwischen Berlin und Magdeburg. Auf den Grundmauern ließ der erfolgreiche Politiker einen zeitgemäßen Neubau entstehen, ein helles, freundliches Schloss mit traumhaftem Blick über die Havel, auch die zerstörte Brücke ließ er wieder aufbauen.

Es war bei einem Besuch in Halle, als Görne die Bekanntschaft eines gewissen Kempe machte, der in Meißen in der berühmten Porzellanfabrik des legendären Erfinders Böttger gearbeitet hatte. Er lud Kempe ein, nach Plaue zu kommen und mit dem dortigen Ton zu experimentieren. Der ließ sich darauf ein, und ihm gelang, was kaum einer zu hoffen gewagt hatte: Aus dem rötlichen Plauer Ton zauberte er blendend weißes Porzellan. Görne finanzierte Kempe alles, was er für eine Manufaktur brauchte, und bald fabrizierte man Tafelaufsätze, Krüge, Tee- und Schokoladenservice, Butterbüchsen, Konfekt- und Kochgeschirr, eben alles, was sich die feine Dame von Welt für ihr Haus wünschte. Jeder Arbeiter musste den Eid leisten, niemandem auch nur das kleinste Geheimnis der Porzellanherstellung zu verraten. Die Männer schienen sich daran gehalten zu halten, jedenfalls eroberte das Plauer Porzellan die Welt. Über Havel und Elbe wurde die zerbrechliche Ware, sorgfältig verpackt, nach Hamburg verschifft, von dort weiter nach England und Holland, Niederlassungen in zahlreichen deutschen Städten beförderten den Vertrieb. Als Zar Peter der Große in Brandenburg auf Staatsbesuch war, zeigte ihm sein Gastgeber Friedrich Wilhelm I. neben seiner „großen Garde" auch die Plauer Porzellanmanufaktur. Der Zar bestellte sich ein vollständiges Tafelservice, jedes Stück natürlich mit seinem goldenen Wappen verziert. Misstrauisch schielten die erfolgsverwöhnten Meißener nun nach Plaue, sahen ihr hübsches Geschäftsmodell gefährdet und schickten eine Verhandlungsdelegation an die Havel. Bald konnte Meißen wieder aufatmen: Herr von Görne wurde auf eine hohe Position nach Ostpreußen berufen, und ohne diesen Protegé kam es in Plaue schnell zu Schlampereien, die Porzellanmanufaktur musste schließen. Auch Görnes Schloss und die neue Brücke sahen trüben Zeiten entgegen. Das Schloss verfiel und die Brücke stürzte 1829 unter dem zunehmenden Verkehr zusammen. Wie hatte Fontane zum Einsturz einer anderen Brücke treffend gedichtet? „Tand, Tand ist das Gebilde von Menschenhand!"

Natürlich hatte man bald eine neue Brücke errichtet, die man 1904 durch die heute noch existierende Stahlbrücke ersetzte. Dass man auch aus Stahl hübsche Brücken bauen kann, haben die Plauer bewiesen, eine durchaus elegante Fachwerkkonstruktion, deren Bögen sich in niedrigen Parabeln über die Havel schwingen, während die Fahrbahn kreuzende Verstrebungen dem Brückenbeschreiter ein beruhigendes Sicherheitsgefühl vermitteln. Am hübschesten ist vielleicht das Geländer mit seinen verspielten, floralen Verzierungen. Wie viele Jugendstilbrücken findet man noch in Deutschland? In der Abendstimmung zaubert sie einen schönen Schattenriss über die Havel.

Der Abend ist zauberhaft. Langsam wird die Havel in ein sanftes, rötliches Licht getaucht. Zum Hauptgang gibt's Flammkuchen und ein abschließendes Weißbier. Langsam legt sich die Nacht über die Havel. Aus dem Restaurant klingen die Akkorde einer Gitarre, dazu beginnt ein Mann ein Lied zu singen „Country roads, take me home ..." Ich gähne und begebe mich ebenfalls auf den Weg dorthin, wo ich hingehöre: in mein hübsches Zimmer im Nachbargebäude. Unterwegs werfe ich aber dann doch noch einen Blick ins Restaurant hinein. Damit sollte sich meine Nacht um mindestens vier Stunden verkürzen.

Nicht nur ein Mann musiziert, zwei weitere Plauer, sämtlich Herren im frischen Rentenalter, schlagen die Klampfe, Gerd, ein netter

Die Brücke von Plaue

Gast und Freund der Musiker, lädt mich spontan noch auf ein Bier ein. Das weitere Publikum besteht aus dem Wirt und aus Andreas und Herbert. Der stellt sich fast entschuldigend als Lehrer vor. Er komme aus Bayern und besuche seinen Sohn, der in Wismar studiere. Herbert ist regelrecht aus dem Häuschen wegen der spontanen Musiksession, so etwas gebe es in Bayern nicht mehr, ach was, in ganz Deutschland nicht mehr, das finde man höchstens noch in irischen Pubs. Schnell beginnen wir, die Songs mitzusingen, was den Künstlern sichtlich gefällt und zu immer neuen Liedern animiert. „Ich kann eigentlich überhaupt kein Englisch", sagt Gitarrist Carsten, „deshalb singe ich walisisch!" Zu DDR-Zeiten gab's keinen Englischunterricht, die Popsongs aus dem Westen brachten sie sich selbst bei. Dass man kein Wort verstand, was machte das schon? Hauptsache, es rockt! „Auf die bayrische-walisische Freundschaft!", rufe ich, und Carsten stößt lachend an.

Gerd weiß manches zur jüngeren Geschichte Plaues zu erzählen und zu den drei Musikern. Es stellt sich heraus, dass Bernd, der Wirt, nicht nur wie ein Künstler aussieht, sondern tatsächlich einer ist, nämlich Profimusiker. „I was born in a crossfire hurricane ..." Tatsächlich, der Mann kann was! Auch deutsche Lieder kommen zum Vortrag, bei ihrem unangefochtenen Lieblingslied, das mehrfach angestimmt wird, bekommt Carsten feuchte Augen: „Jonny Walker, jetzt bist du wieder da ..." Auch Herbert gerät zunehmend in Ekstase. Voller Überschwang zieht er zwei 50-€-Scheine aus der Tasche: „Eine Runde für alle!", auch wenn sein Sohn Andreas, der sich über die Veranstaltung der älteren Herren zunehmend zu wundern scheint, schon ins Bett will. „Bleib hier! So einen Abend bekommst du so schnell nicht wieder geboten."

Gerd klärt mich auf über den Charakter des Märker: „Eigentlich sind wir Rheinländer, die mit Havelwasser gewaschen sind." Die Definition gefällt mir. Lebenslustig und fröhlich sind sie auf alle Fälle, nicht auf den Mund gefallen und sehr musikalisch: „Cocaine, all around my brain ..." Der Zapfhahn gibt nur noch heiße Luft von sich, ein weiteres Fass muss herbeigerollt werden. Als Höhepunkt und Abschluss – es ist mittlerweile 2 Uhr geworden – wird noch mal Freund Jonny herbeigesungen: „Jonny Walker, komm gieß dich nochmal ein ..." Dann taumeln wir in die Nacht hinaus und schwören uns ewige Freundschaft.

4. Flussabschnitt:
VON PLAUE BIS ZUR MÜNDUNG

Das Aufstehen fiel ein wenig schwerer, die Nacht ist doch etwas kurz gewesen, dafür hat sie mich den Havelanrainern ein ganzes Stück nähergebracht. Aber die heutige Etappe duldet kein Herumtrödeln, an die 100 km sind zu bezwingen. „Drinnen oder draußen?", fragt mich die Herrscherin über das Frühstücksbüfett. Spontan entscheide ich mich für Letzteres. Nicht nur wegen des herrlichen Morgens und der Sonne über der Havel, sondern wegen des Bierdunstes im Lokal. Mich beschleicht ein schlechtes Gewissen. Hatten wir gestern Nacht tatsächlich so gezecht? Die Frühstücksdame aber schüttelt den Kopf. Eine Überschwemmung sei schuld. Sie habe die Hände über den Kopf zusammengeschlagen, als sie heute früh aufgesperrt hat. Die Biersuppe habe zentimeterhoch im Raum gestanden. Ein Knick im Schlauch des neuen Bierfasses sei der Grund gewesen. „Wer das wohl verzapft hat?", fragt sie ärgerlich.

Das Frühstück ist reichhaltig, sogar frische Melonen und Erdbeeren gibt es. Von einer Jacht steigt ein splitterfasernackter Mann über die Leiter in die Havel und nimmt sein Morgenbad. In der Früh schon schwimmen? Nichts für mich! In der Früh muss geradelt werden.

Die Jugendstilbrücke zu queren ist ein Spaß. Nochmals bewundere ich die einfachen, aber stilsicheren Ornamente. Besonders hübsch ist auch der Blick zurück auf Schloss Plaue. Im Morgenlicht und aus der richtigen Entfernung betrachtet, wirkt es richtig schmuck.

An der Kreuzung zur B1 ein Arrangement, das mir Fragezeichen auf die Stirn zaubert. Mitten auf einer umtosten Verkehrsinsel hat man fünf Fahrradständer montiert. Natürlich steht dort kein einziges Rad, wer sollte auch auf eine solche Idee kommen? Hier gibt's ja nichts, was einen Halt lohnen würde, kein Kiosk, keinen Aussichtspunkt, keine Rastbank. Nur Autos, die links und rechts vorbeibrau-

Dorfkirche in Briest am Havelsee

sen. Vielleicht eine Art Park & Ride für Radfahrer? Zum Glück geht es nun eine stille Kreisstraße entlang, eine schattige Allee fast ohne motorisierten Verkehr. Nur hin und wieder braust ein LKW an mir vorbei, ein rostiges Teil mit rundem Riesentank auf der Ladefläche. Was darin wohl transportiert wird? Kurz darauf wird mir alles klar: „Einfahrt zur Fäkalienannahmestation." Aus dem Augenwinkel sehe ich die Tanklastzüge Schlange stehen, an einen Stutzen, der aus der Erde wächst, schließen sie ihre Schläuche an. Ich trete kräftig in die Pedale und freue mich, dass der Wind dreht.

Der nächste Ort heißt Briest. Briest, wie Fontanes Ehedrama, sein vielleicht bester Roman. Ob er bei seinen Wanderungen durch die Mark Brandenburg auf den Namen gestoßen ist? Eine Tafel notiert sorgfältig den Tag von Ankunft und Abflug der Störche und die Zahl ihrer Jungen. Briest scheint in den letzten Jahren in Storchenkreisen nicht sehr angesagt gewesen zu sein, meistens sind nur Striche eingetragen. Einsam sind nicht nur die Storchennester, einsam ist auch die schmucke Dorfkirche. Zwar trägt sie deutlich sichtbar eine Haus-

334 Flusskilometer für 94 km zwischen Quelle und Mündung: ein lohnender Umweg!

nummer über dem Portal (Parkstraße 1), ein Schild an der Tür aber informiert: „Außer Betrieb." – Eine, wie mir scheint, ziemlich unübliche Bezeichnung für eine nicht mehr genutzte Kirche.

In Betrieb ist noch der Briester Friedhof, jedenfalls sind noch frische Gräber zu sehen. Schönste Mohnblumenfelder dann entlang des Weges nach Kranepuhl. Auch hier wurde einst Ton abgebaut, stand einst eine Backsteinfabrik. Heute noch werden hier Steine hergestellt, allerdings aus Beton. Die Einfahrt zum Betriebsgelände säumen zwei Halbtore, das linke aus schönen gelben Backsteinen von anno dazumal, das rechte aus den modernen Betonsteinen. Ich bin sicher, würde man eine Abstimmung machen, die Backsteine würden mit 99 Prozent gewinnen.

Pritzerbe liegt hübsch zwischen drei Seen. Am Ortseingang wird man von einem lebensgroßen Fischer begrüßt, der seine Angel von seinem „fliegenden Havelländer" ausgeworfen hat, jedenfalls hat man das Fischerboot gut sichtbar in die Luft gehängt. Die Uferpromenade strahlt in modernem Chic und kontrastiert so mit der kleinen Altstadt, deren Charme sich eher aus der Patina der Jahrhunderte speist. Wer möchte, kann in einem kleinen Museum den letzten Webstuhl Deutschlands bewundern, auf dem Rohr verarbeitet wird. Früher hat man entlang der Havel das in den Flussniederungen so reichlich wachsende Schilf zu Matten und anderen Geflechten verwoben.

Zur Weiterfahrt muss die Havel überwunden werden. Auf die kleine Fähre sind schon zwei Radler gerollt. Ich stelle mich dazu und zahle meinen Obolus, preiswerte 90 Cent. Je weiter man sich von Berlin entfernt, desto günstiger werden die Preise. Auf der kurzen Fahrt komme ich mit einem Radlerpärchen ins Gespräch, einer fröhlichen Dame und einem hochaufgeschossenen, nicht mehr ganz jungen Herrn mit auffallend lebendigen Augen. Die beiden wollen ebenfalls die Havel hinunter. Wir sprechen über unsere Gewittererfahrungen. Blitz und Donner hatten die beiden gestern kurz hinter Werder erwischt, sie hatten sich zwar unter ein Plastikzelt flüchten können, die Plane aber kapitulierte schließlich und sie wurden klitschnass. Dazu die nahen Blitze links und rechts, es muss die Hölle gewesen sein. Sie hatten schon überlegt, nach Berlin umzukehren. Die Fähre legt am linken Haveluferan. Wir wünschen uns gegenseitig eine gute Fahrt und ich fahre mit Schwung voraus. Mit dem Fährhaus in Caputh hatte ich unverschämtes Glück, denke ich mir. Gewitter sind schwer zu berechnen. Ist man vorsichtig und sucht schon beim ersten, fernen Donner ein sicheres Örtchen, kann's einem passieren, dass man eine Stunde wartet – und dann passiert gar nichts.

Bahnitz

Das kleine Örtchen Bahnitz ist schnell erreicht. Gigantisch die Dorfstraße! Der Ku'damm oder die Champs Elysées können nicht breiter sein. Think big, hat man sich hier wohl gedacht. Weiß man denn, was einst aus einem Dörfchen wird? Auch Berlin hat mal klein angefangen. Gewaltsam mussten sich Städte wie Paris oder Berlin später Schneisen durch das enge Häusergewirr schlagen, um den Ansprüchen einer modernen Metropole gerecht zu werden. Das hat man hier nicht nötig – Bahnitz trägt den Kern für eine Weltstadt sicherheitshalber schon mal in sich. Schön auch die Bepflanzung als weite Allee, deren Abschluss ein solitärer, zentral gepflanzter Baum bildet, in diesem Fall eine Linde. Bei ihr findet sich ein sprechendes Kunstwerk, eine Plastik mit folgendem Sinnspruch: „Die Kuh ist unser steter Begleiter, in guter wie auch in schwerer Zeit, und dies weltweit. Auch sie ist ein Geschenk wie du und ich, vergiss das nicht." Diese buddhistisch oder eher hinduistisch anmutende Weisheit hat einen historischen Hintergrund. Vier aus Messing gegossene Tafeln erzählen im Halbrelief, was sich vor wenigen Jahren hier zugetragen hat.

Der Rindfleischsegen von Bahnitz

Im Herbst 1991, in der Zeit der Wendewirren, trug es sich zu, dass eine wilde Kuh in der Gegend von Bahnitz ihr Unwesen trieb. Woher sie kam und wem sie gehörte, wusste kein Mensch zu sagen. In eines ihrer Hörner war ein Strick eingewachsen, was ihr ein gefährliches Aussehen gab. Die Bauern der Dörfer fürchteten um ihr Vieh, denn wenn es einer Kuh gelungen war, die Freiheit zu erlangen, konnte das schnell Schule machen. So setzte man alles daran, sie einzufangen. So sehr man sich aber auch bemühte, ihr gelang jedes Mal die Flucht.

Da taten sich in Bahnitz drei entschlossene Männer zusammen, darunter ein Bauer, genannt „der Schwarze". In des Bürgermeisters Destille berieten sie in rauchgeschwärzter Luft, was hier zu tun war. Am nächsten Tag herrschte in Bahnitz Feierstimmung. In allen Häusern gab es Rindfleisch satt, selbst der Kindergarten war bedacht worden. Woher der Rindfleischsegen stammte, blieb unbekannt, bekannt war nur, dass der erste der drei Männer einen Jagdschein hatte, der zweite über landwirtschaftliches Gerät zum Transport schwerer Lasten verfügte und der dritte sich aufs Schlachten verstand.

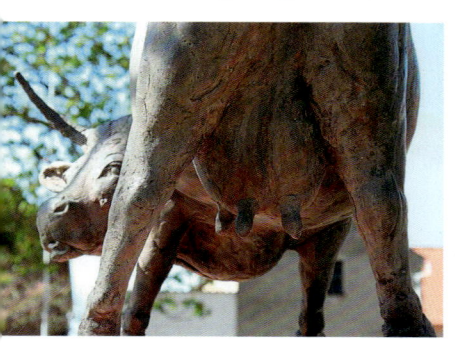

Die „Wilde Kuh" in Bahnitz

Beim Landrat von Rathenow erschien wenig später der Konkursverwalter eines nahen Gutshofes und verlangte die Herausgabe der wilden Kuh oder ersatzweise 1000 DM Schadensersatz. Die Ermittlungen des Landrats aber liefen ins Leere, niemand wusste etwas über den Verbleib der Kuh zu sagen, und da die drei entschlossenen Männer aus Bahnitz in hohem Ansehen standen, gab es auch keinen Grund, an deren Worten zu zweifeln.

In dunklen Nächten aber, so heißt es, würden seit dieser Zeit aus dem Jercheler Wald ein Paar rotglühender Augen Richtung Bahnitz schauen, und ein verdächtiges Schnauben und Hufescharren sei zu hören. Und manchmal ertöne dazu eine klagende Stimme im Wind: „Wo ist meine Kuh?"

Eine hübsche zeitgenössische Sage. Sage noch einer, die Moderne bringe keine Märchen hervor. In Bahnitz jedenfalls ist die Zeit, in der das Wünschen geholfen hat, noch nicht vorbei. Die wilde Kuh thront vollplastisch auf ihrer eigenen Gedenkstele. Bahnitz hat sich einen Ruf als Künstlerdorf gemacht, in der ehemaligen Dorfgaststätte hat man ein Atelier mit Malschule eingerichtet. Die örtliche Kirche gilt als die kleinste Brandenburgs. Zu DDR-Zeiten hat man das Kirchenschiff gesprengt, nun begnügt man sich mit dem Turm, in dessen Erdgeschoss man die Gottesdienste feiert. Auch am Kindergarten, der ebenfalls vom „Rindfleischsegen" profitiert hat, komme ich vorbei. Gut, dass im Havelland die Kindergärten noch nicht aussterben, es wäre traurig für dieses schöne Land. Lustig die bunte Aufschrift auf einer Glasscheibe: „Winkefenster". (Praktischer Hinweis 1: Am Ortsausgang werden frische Wachteleier verkauft. Gut einpacken und morgen vom Wirt zum Frühstück kochen lassen. Köstlich! – Praktischer Hinweis 2: Am Nordrand des Dorfes befindet sich ein Kneipp-Pfad, wo man im Havelwasser gesunden kann.)

Beim Zurückfahren über die Brandenburger Champs Elysées sehe ich von weitem meine beiden neuen Bekannten von der Fähre den Havelradweg entlangradeln. Jetzt bin ich wieder hintendran, so schnell kann's gehen. Egal, wir sind ja nicht bei der Tour de France.

4. Flussabschnitt: Von Plaue bis zur Mündung

Die Tour de Havel soll man gemütlich angehen, so gemütlich wie die Havel selbst, die hier den Naturpark Havelland wässert. Weite, feuchte Wiesen, hübsche kleine Wäldchen, der Weg von schattigen Bäumen gesäumt. Alles scheint sich zu weiten, je mehr sich der Fluss seiner Mündung nähert: der Himmel, der Horizont, die Wiesen und Felder ... Schwalben gleiten im Tiefflug über die Felder und schnappen sich jede Menge Insekten. Kaum zu glauben, wie sie das anstellen, echte Flugkünstler. Im Flug ein Insekt zu schnappen ist schwierig, schwieriger noch, sich nicht daran zu verschlucken. Ich jedenfalls muss beim schlafmangelbedingten Gähnen höllisch aufpassen, dass mir kein Tierchen in die Kehle fliegt. Der Himmel ist sehr blau, die weißen Wolken treiben wie Wattebällchen übers Land. Als ich nach oben blicke, kommt mir ein Wolkengedicht in den Sinn, vielleicht das schönste der deutschen Sprache. Die ersten Zeilen gehen so:

> Und über uns im schönen Sommerhimmel
> War eine Wolke, die ich lange sah
> Sie war sehr weiß und ungeheuer oben
> Und als ich aufsah, war sie nimmer da.

Auch Bert Brecht hat das Havelland kennengelernt, er hat ja lange in Berlin gelebt, vor und nach der Nazi-Katastrophe. Seine Wolke aber flog vermutlich über den schwäbischen Himmel, jedenfalls hat er das Gedicht „Erinnerungen an Marie A." genannt, eine Augsburger Jugendliebe.

> Und auch den Kuss, ich hätt ihn längst vergessen
> Wenn nicht die Wolke dagewesen wär
> Die weiß ich noch und werd ich immer wissen
> Sie war sehr weiß und kam von oben her.

Solcherart lyrisch gestimmt komme ich in das Dörfchen Jerchel, in dessen Wäldern es seit dem „Rindfleischsegen" nachts rot aufleuchten soll. Wieder eine Dorfstraße von gigantischer Breite, dieses städtebauliche Prinzip scheint man in dieser Gegend konsequent zu verfolgen. Kurz bewundere ich einen kunstvollen Marienkäfer, der über eine Trafostation krabbelt – nirgendwo sonst habe ich solch gelungene Sprayerarbeiten bewundern können, wie an der Havel. Jeder

Stromkasten ist bunt verziert, die Motive sind der Umgebung entlehnt. Auch an Wegzehrung fehlt es nicht. Statt frischer Wachteleier kann man hier frisches Zebufleisch bekommen. Was nur ist ein Zebu? Eine Kreuzung eines Zebras mit einem Uhu? Was für Tiere doch alle auf den Havelwiesen grasen!

Milow

Über das Dörfchen Marquede gelange ich nach Milow. Die hiesige Kirche hat man in eine Sparkassenfiliale verwandelt; wo früher gepredigt wurde, befindet sich nun ein Kassenschalter. Hat Christus nicht einmal wutentbrannt die Wechsler aus dem Tempel geworfen? In der Mitte des Straßendorfs steht eine klassizistische Villa, die Jugendherberge Carl Bolle. Bolle war einst der Berliner Milchkönig. Mit seiner Geschäftsidee, Milch auf festen Routen vom Wagen aus zu verkaufen, wurde er steinreich. „Ick amüsier mir, wie Bolle uff'm Milchwagen", ist heute noch ein geflügeltes Wort. Bolle hatte ein großes Herz für bedürftige Mitbürger und wurde durch zahlreiche Wohltaten bekannt. Die Villa in Milow baute er als Betriebserholungsheim für seine Mitarbeiter und deren Familien. Möglicherweise hat auch sein Milchmädchen Anna Schnasing hier gekurt. Ihr verdanken wir die Milchmädchenrechnung. Nicht sehr helle in Mathematik, entwickelte sie ihre eigene Fingerabzählmethode. Einen Kunden, Privatdozent der Mathematik, faszinierte dieses Rechensystem. Er ließ es sich genau erklären und hielt es für die Wissenschaft fest.

Diese Anekdote verdanke ich dem pädagogisch vorzüglich gemachten Naturparkzentrum, das sich am Ortsende, am Havelufer, in den umgebauten Stallungen eines alten Gutshofes befindet. Hier kann man alles über den Naturpark Westhavelland erfahren, auch über die Fehler der Vergangenheit und wie man sie behutsam wieder behebt. Die Havel soll von ihren künstlichen Zwängen befreit werden und sich wieder ungestört verzweigen und ausbreiten können, Altarme werden wieder geflutet, damit Auwälder entstehen, Fischtreppen sollen den Artenreichtum der Flossentiere befördern. Eine Grundschulklasse ist mit mir eingetroffen. Während die Mädchen eifrig

Wasserflöhe mikroskopieren, steht eine Schar von Jungen um ein Modell der Havel, die man mit drei verschiedenen Knöpfen befüllen kann: mit Niedrigwasser, mit mittlerem Wasser und mit Hochwasser. Nicht schwer zu erraten, welcher Knopf am häufigsten gedrückt wird. Mächtig drücken die Fluten das Wasser über die Ufer, und bald ist Land unter.

Ich erfahre, dass acht von zehn Wassertropfen, die in Brandenburg fallen, in der unteren Havel landen, so sie vorher nicht verdunsten. Und dass die Stremme, die in Milow in die Havel mündet, mal ein alter Elbarm gewesen ist, genauso wie der Königsgraben, den ich bei Marquede kreuzte. Die Stremme hatte man früh kanalisiert und so den Schiffsweg zur oberen Elbe, etwa nach Magdeburg, deutlich verkürzt. Ein Unglück hatte die alten Elbläufe wieder sichtbar gemacht: 1945 war der Elbdeich bei Tangermünde geborsten und die Elbe hatte prompt die Gelegenheit genutzt, ihre alten Arme mal wieder zu besuchen.

Auch in Milow gedenkt man übrigens Luise Henriette aus Oranienburg. Für die Einführung der Milchwirtschaft nach dem Vorbild ihrer holländischen Heimat wurden viele Sümpfe trockengelegt und zu fruchtbaren Wiesen. Der Nabu, der Naturschutzbund, engagiert sich leidenschaftlich für das Havelland. Manchmal kann es dabei zu Konflikten kommen, etwa mit den Bauern. In der Haltung zu den Wildgänsen, zum Beispiel. Jedes Jahr im Herbst, bei ihrem Flug vom hohen Norden in die Winterquartiere, legen viele tausende von ihnen im Havelland eine Rast ein. Hier finden sie reichlich Proviant für ihre weite Reise. Den Feldern aber, die im Herbst bestellt werden, gefällt das gar nicht, erst recht nicht den Bauern. Ein Kompromiss musste her. Landen Gänse nun auf dem falschen Fleck, werden sie verscheucht. Lernfähig wie sie sind, werden sie bei jeder künftigen Reise diese Felder meiden.

Auf meinem Gang durch die Ausstellung kann ich endlich all jenen Haveltieren ins Glasauge schauen, die sich scheu vor mir verborgen haben. Dem Biber, dem Eisvogel, der Wasserralle … Schrecklich grunzen soll der zierliche Vogel, kaum zu glauben.

Blässgänse in Formation

Bei der Weiterfahrt geht mir das Bild einer Mumie nicht aus dem Kopf. Die klügsten Wissenschaftler, darunter der große Virchow, habe sich mit dem Phänomen beschäftigt, aber keiner hat eine natürliche Erklärung dafür gefunden. Aber der Reihe nach: Ritter Christian Friedrich von Kahlebutz muss ein echter Wüstling gewesen sein. Hemmungslos machte er von seinem Recht auf die erste Nacht Gebrauch. Alle fügten sich dem Ritter, bis auf eine junge, mutige Frau: die Magd Maria Leppin. Sie liebte ihren jungen Schäfer und der junge Schäfer liebte sie. Ach, die armen jungen Leute! Den Schäfer fand man kurz darauf tot auf, von unbekannter Hand erschlagen. Maria empörte sich. Für sie war klar, wer dieses Verbrechen begangen haben musste. Sie klagte den Ritter an, ein Gericht trat zusammen, man befragte ihn. Dieser aber stritt die Vorwürfe ab und leistete einen Reinigungseid, der nur den Feudalherren zugestanden wurde: „Wenn ich der Mörder bin, so wolle Gott, dass mein Leichnam nie verwese!" Sein Leichnam verweste tatsächlich nicht. Während rechts und links die Toten in ihrer Gruft zerfielen, blieb seine Leiche erhalten und verlederte zur Mumie.

Bei Bützer beginnt eine neu angelegte Strecke des Havelradwegs, es geht nun häufig direkt zum Ufer der Havel hinunter. Ob das der Grund für die Umbenennung ist? Bei einem Straßenschild hat man die alte Bezeichnung Uferweg durchgestrichen und eine Havelstraße daraus gemacht. Eine Havelstraße ist für jede anständige Havelgemeinde aber auch ein Muss. Kaum ein Havelort, den ich auf meiner Fahrt passiert habe, der keine aufweist. Ein Angler grüßt mich freundlich. Angler soll man ja nicht stören, aber bei diesem freundlichen Herrn, der zudem seinen kleinen Enkel mit dabeihat, darf man sicher eine Ausnahme machen. Ich erfahre, dass es früher etliche Fischer an der Havel gab, die vom Fischfang lebten. Heute gebe es kaum noch Profifischer, dafür aber natürlich jede Menge Freizeitangler. Doch, Fische gebe es noch genügend, und nicht nur die. Viele Tiere seien in der Havel zuhause. Und dann greift er in seinen grünen Plastikeimer und zieht den vielleicht merkwürdigsten Havelbewohner hervor.

Die chinesische Wollhandkrabbe

Eine Schönheit ist sie wirklich nicht. Der graue Panzer, die viel zu weit auseinanderstehenden schwarzen Knopfaugen, die hässlichen Beinpaare, deren vorderstes aggressive Scheren trägt. Und dann noch die Behaarung! Wer trägt schon noch Haare an den Beinen? Auf der anderen Seite muss man anerkennen, dass die Wollhandkrabbe wirklich keinen mit ihrem Anblick belästigen will. Unsichtbar für jeden Spaziergänger krabbelt sie in großen Rudeln auf dem finsteren Boden der Havel entlang. Von ihren Laichplätzen an der unteren Elbe, dem salzigen Brackwasser mit dem beliebten Meeresgeschmack, hat sie sich in einem bewundernswerten Marsch bis in die Havel hinaufgequält. Zu ihrer Entschuldigung muss zudem angemerkt werden, dass sie keineswegs freiwillig nach Deutschland gekommen ist. Eigentlich ist sie eine Chinesin. Vermutlich haben Anfang der 1920er große Ozeandampfer kleine Krabbenkinder mit dem Ballastwasser im chinesischen Meer aufgefischt und in Hamburg wieder abgelassen. Was sollten die Exilanten tun? Zurück nach China wandern? Da hat sich die Wollhandkrabbe eben in der Elbe ein neues Zuhause gesucht. Und weil sie sich dort kräftig vermehrte, wich sie bald auch in die Havel aus und wurde dort zur Plage. Mit ihren scharfen Scheren zerstört sie die Netze und Reusen der Havelfischer und frisst auch gerne den Fang. Manches hat man versucht, um sie wieder loszuwerden, nichts aber hat geholfen. Bis man auf eine pfiffige Idee kam. Mit einem Feind, den man nicht besiegen kann, soll man sich anfreunden. Wie die Chinesen erklärten auch die Märker die Wollhandkrabbe kurzerhand zur Delikatesse, seitdem ist jede Krabbe hochwillkommen und landet auf dem Teller der Feinschmecker.

Schau mir in die Augen, Kleines!

Schon ein trauriges Schicksal, wenn man bedenkt, welche Strapazen so eine Havelkrabbe hinter sich gebracht haben muss. Von ihrem Geburtsort, der Elbemündung in die Nordsee, musste sie hunderte von Kilometern flussaufwärts krabbeln, ein Marsch von vier bis fünf Jahren, nur um im sprudelnden Kochtopf eines Chinarestaurants zu landen. Oft sogar lebendigen Leibes. Brrr ... Nur wenige schaffen es bis Potsdam oder Berlin. Ausgewachsen und geschlechtsreif geworden, lassen sie sich die Havel hinuntertreiben und über die Elbe zur Nordsee, um dort ihre Eier zu verstecken.

Die Fischerei in der Havel hingegen lohnt kaum mehr, die meisten der alten Havelfischer, die noch zu DDR-Zeiten aktiv gewesen sind, haben längst aufgegeben, schade, denn gerade die Flussfische, ressourcenschonend gefangen, haben die beste Ökobilanz. Brassen gibt es jede Menge, aber die sind wegen der vielen kleine Gräten unbe-

Echt haarig: der Eichenprozessionsspinner

liebt. Man braucht ein spezielles Brassenfiletiergerät, um dieses Problem zu lösen.

Ich danke dem Angler für das, was er mir zu erzählen wusste. Eine kleine Weile fahre ich nun parallel zum Fluss, treu begleitet von Lirina. Sie ist einfach bezaubernd, von einer flirrenden Schönheit und unglaublichem Glanz. Lirina nennt sich die Pflanze, mit der die Felder bebaut sind, winzige, zarte, hellblaue Blüten, die aber aufgrund ihrer Dichte wie ein blauer See im Winde wogen. So kann auch eine Nutzpflanze das Auge erfreuen, ähnlich wie die Sonnenblume. Weniger erfreulich ist, was mir bei einem kleinen Wäldchen begegnet. Zwar habe ich noch nie im Leben einen gesehen, das aber muss er sein, ein Exemplar des gefürchteten Eichenprozessionsspinners kreuzt den Havelradweg! Soll ich die Raupe töten? Einfach mit meinem Rad darüber hinweg? Meinen Mitbürgern einen allergischen Schock ersparen? Ich entscheide mich dagegen. Der Eichenprozessionsspinner kann schließlich nichts dafür, dass ihn keiner mag.

Hinter Böhne (schlichte, aber wohlproportionierte Backsteinkirche) werde ich wieder zur Havel geschickt. Doch abermals macht mir ein Umweg einen Strich durch die Rechnung, wieder schicken mich die Havelradwegplaner ins Hinterland.

Nun werde ich unter einer hohen Brücke hindurch geleitet, ein Schild warnt: „Achtung! Eisgang! Radfahrer absteigen!" Mutig ignoriere ich den Hinweis und fahre weiter. Die letzte Eiszeit soll doch schon 15.000 Jahre zurückliegen. Manche Schilder vergisst man eben abzunehmen. Die nächste Brücke taucht auf und will bezwungen werden, Rathenow liegt vor mir.

Rathenow

Kluge Köpfe und Spurensucher vermuten das Vorbild für das Vaterhaus Hohen-Cremmen, in dem Effi Briest eine so unbeschwerte Jugend verlebte und in dessen Garten sie so früh begraben wurde, nicht in Briest an der Havel, durch das uns der Radweg leitet, sondern ganz in der Nähe von Rathenow, in Nennhausen. Das dortige Schloss war lange im Besitz einer Familie von Briest und entspricht mit dem umgebenden Park ganz der Idylle, wie sie uns Fontane schildert. In die Gutsbesitzerfamilie von Briest heiratet der Dichter Friedrich de la Motte Fouqué ein. Er war ein romantischer Geist und die märchenhafte Gegend an der Havel scheint ihn tief inspiriert zu haben.

Effi Briest

Hier war er stationiert. Der junge Baron Innstetten. Hier in Rathenow, der Garnisonsstadt an der Havel. Bei einem seiner Ausritte ins Hinterland lernte er ein junges Mädchen kennen. Die beiden fanden Gefallen aneinander und – wer weiß? – vielleicht hätten sie auch ihr Glück gefunden, wenn, ja wenn das Mädchen aus Vernunftgründen nicht einen Gutsbesitzer aus der Nachbarschaft geheiratet hätte, den Edlen von Briest, älter und erfahrener als Innstetten und das, was man als gute Partie bezeichnet. Eine Tochter ward geboren, Effi, ein frisches, zur stillen Sorge ihrer Mutter etwas stürmisches und leichtsinniges Kind. Als Effi zu einer jungen Frau gereift ist, kehrt Innstetten zu einem Besuch zurück. „Er ist Landrat, gute Figur und sehr männlich", berichtet Effi ihren Freundinnen.

Damit nimmt das Unglück seinen Lauf. Innstetten hält um Effis Hand an, ihr Vater stimmt trotz leiser Bedenken zu und über der so lebensfrohen Effi trübt sich bald der Himmel, denn Instetten entpuppt sich als knochentrockener Langweiler und Prinzipienreiter. Effi flieht in eine Affäre, jedoch nur für kurze Zeit. Dummerweise vernichtet sie die Liebesbriefe danach nicht, so dass die längst vergangene Sache Jahre später auffliegt, woraufhin Effi das Opfer der damaligen Moralvorstellungen wird, das Opfer eines kalten und unbarmherzigen Rachefeldzugs, an dem sie zugrunde geht.

Märchen von Wasserwesen gibt es viele. Man darf vermuten, dass sich in dem wasserreichen Land an der Havel schon die Slawen Sagen und Märchen erzählt haben, bei denen Nymphen und Wassermänner eine wichtige Rolle gespielt haben. So scheint es denn auch kein Zufall zu sein, dass eines der schönsten Märchen deutscher Sprache im Havelland gedichtet worden ist. Im Schloss von Nennhausen schrieb Fouqué seine „Undine".

Undine

Ritter Huldbrand ritt durch einen Spukwald und kam zu einer Landzunge, auf der ein altes Fischerhaus stand. Bei einem alten Fischerpaar lebte dort die hübsche Undine. Huldbrand, obzwar der edlen Bertalda fest versprochen, verliebte sich Hals über Kopf, in der aufsteigenden Flut feierten die beiden ihre Vereinigung. Was der Rittersmann nicht wusste: Undine war als kleines Kind im Fluss ertrunken und hatte dabei ihre Seele verloren. Nur durch die Heirat mit einem Menschen konnte sie diese wieder zurückerhalten, weshalb ihr nun durch den Ritter das Glück winkte. Doch es kam, wie es kommen musste: Bertalda war „not amused", als ihr Ritter mit Undine daherkam, die Eifersucht trieb sie zu intriganten Spielchen, wodurch sie Huldbrand Undine entfremdete. Undine aber hielt trotz aller Demütigungen zu ihrem Bräutigam. Dieser jedoch erkannte ihre gute Seele nicht, wünschte sie im Zorn in den Fluss zurück – und heiratete Bertalda. Das Märchen endete tragisch. Als Bertalda unwissend den verschlossenen Burgbrunnen öffnete, schlüpfte Undine heraus, eilte zu ihrem geliebten Huldbrand und küsste ihn weinend zu Tode.

Eros und Thanatos, vielleicht etwas zu dick aufgetragen für unseren heutigen Geschmack. Möglicherweise ist Undine die späte Wiedergeburt von Víla, einem weiblichen Naturgeist der Slawen. Víla ist ein schönes Mädchen mit durchsichtigem Körper und langem, offenem Haar. Für eine Hochzeit mit einem Menschen ist sie wie Undine absolut offen, wird sie aber gekränkt oder betrogen, so wird die Beziehung brandgefährlich für den Freier, besser gesagt, wassergefährlich, denn sie ist wie Undine dem feuchten Element verpflichtet. „Männer und Frauen passen einfach nicht zusammen", würde Loriot hierzu vermutlich nur trocken bemerken, diesem Urteil aber können und wollen wir uns nicht anschließen.

Ich komme zum Schwedendamm am Rathenower Havelufer. In einem Gartenlokal an der Havel ist heute Pizzatag, na, dann her damit! Die Pizza wird mit einer roten Monsterschere serviert. „Was fang ich damit an?" – „Na, Pizza schneiden!" So zerschneide ich das erste Mal in meinem Leben eine Pizza mit der Schere. Ob die auch zu Spaghetti-Gerichten gereicht wird?

Rathenow nennt sich Stadt der Optik. Auf meiner Tour komme ich am Geburtshaus des größten Sohnes der Stadt vorbei. „In diesem Haus wurde am 14. Januar 1767 der Prediger Johann August Duncker, der Schöpfer der deutschen optischen Industrie, geboren." Wieder so ein Haveltüftler! Ähnlich wie Runge in Oranienburg. Ob Goethe ihn ebenso geschätzt hat wie Runge, bleibt jedoch fraglich. Goethe hasste Brillen, und Duncker verdiente damit sein Geld. Er entwickelte eine Vielschleifmaschine, mit der hochwertige Brillengläser in Serie hergestellt werden konnten. Rathenow blieb den geschliffenen Gläsern treu. Heute noch ist „Optik – made in Rathenow" ein Gütesiegel. 25 optische und feinmechanische Firmen, zum Teil echte Global Player, produzieren hier.

Auf dem Kirchberg bewundere ich die altehrwürdige Sankt-Marien-Andreas-Kirche, ein Gebäude aus dem 13. Jh., das man später zu einer gotischen Hallenkirche umgebaut hat (Backstein, was sonst!). Kein leichtes Schicksal war dem Turm beschieden. Baufällig geworden, hatte man ihn bereits im 19. Jh. abreißen und ersetzen müssen, dem Ersatzturm wurde im Zweiten Weltkrieg die Spitze weggeschossen. Nach der Wende setzten die Rathenower alles daran, den Turm wiederherzustellen. Wie aber sollte man die Spitze auf den Turm bekommen? In einer spektakulären Aktion setzte man einen Hubschrauber ein und – voilà! – jetzt grüßt die Kirche wieder weit ins Land.

Als ich Rathenow wieder verlassen will, sehe ich ein Ausflugsschiff an der Leine liegen, ein rüstiger Altenclub ist gerade dabei, das

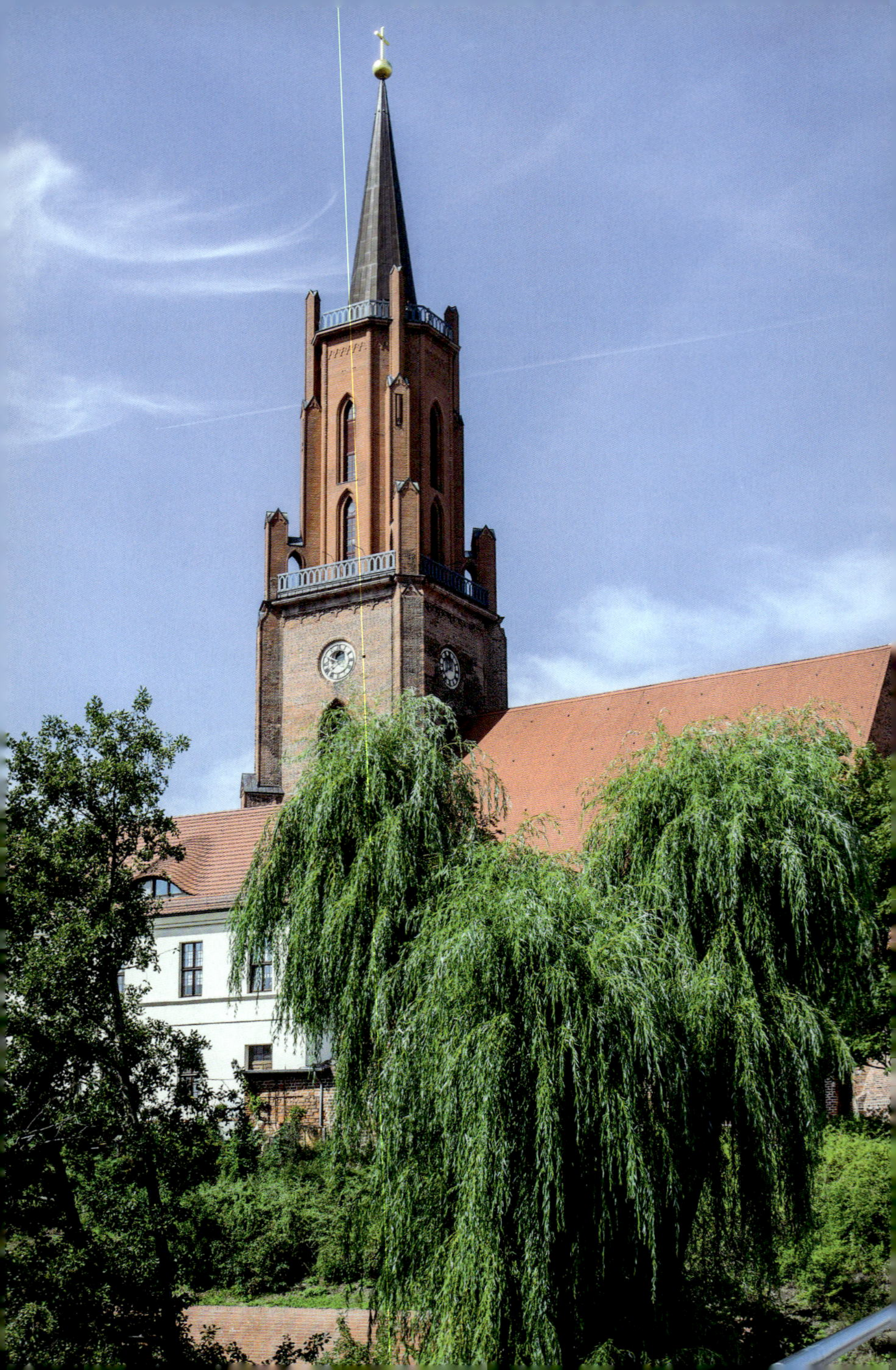

Boot zu entern. Interessehalber studiere ich die Fahrzeiten. Bis Havelberg vier Stunden? Das schaffe ich in der Hälfte!

Nördlich von Rathenow liegt das Dorf Göttlin. Ein Künstler (oder eine Künstlerin?) hat neben seinem Atelier einen Skulpturenpark geschaffen, in dem sich die seltsamsten Wesen tummeln. Vielleicht ist auch eine Statue von Frau Harke darunter. Die war einst sowas wie die Schutzheilige des Havellandes, in allen slawischen Spinnstuben wurde von ihren Taten berichtet. Sie galt als Beschützerin des Familienglücks und sorgte für Fruchtbarkeit in Haus und Hof. Fleißigen Menschen mit dem Herzen am rechten Fleck kam sie zur Hilfe, faule und hartherzige Menschen aber bekamen ihren Zorn zu spüren.

Hinter Göttlin muss ihr kriegerischer Kollege, der slawische Mars, seine Zelte aufgeschlagen haben. Ihr grünes, schilfbestandenes Ufer hat man der Havel schnöde geraubt, martialische Betonplatten führen in den Fluss hinein und an der anderen Seite wieder hinaus. Hier herrscht das Militär, das im Westen ein weites Gebiet als Truppenübungsplatz aus dem Havelland herausgeschnitten hat. Schnell lasse ich die unwirtliche Stelle hinter mir und radle weiter, bevor mich ein Panzer überfährt. Gelbe Warnschilder in Vogelhausform tauchen nun vor jedem Wiesengrundstück auf und eine Eule verkündet: „Naturschutzgebiet Untere Havel Nord. Feuchtgebiet von internationaler Bedeutung." International gleich? Ist das nicht etwas übertrieben?

In Grütz grützt mich ein neckisches Bauernpaar. Beide haben sie allerdings nur Stroh im Kopf, und nicht nur im Kopf: Sie bestehen ganz und gar aus Strohballen, die man lustig kostümiert hat. Neckisch schaut die Bäuerin zu ihrem Schönen hinüber, die Blume, die ihm aus dem Kopf wächst, macht ihn aber auch unwiderstehlich. Sie soll sich nur vorsehen, in Grütz warten jede Menge Störche auf verliebte Paare. Hinter Grütz bringt mich ein hölzerner Wegweiser auf den Feldweg. (Praktischer Hinweis: Verzichten Sie auf den Umweg! Haben Sie wenige Seiten Geduld, dann findet sich der Grund dafür.)

◀ *St. Marien-Andreas-Kirche Rathenow*

Die Schleusenspucker von Rathenow

Kräftig werde ich durchgerüttelt, einen ganzen Kilometer lang, doch ich halte aus, hat man mir doch ein Nadelwehr versprochen, eines der letzten funktionsfähigen Wehre dieser Art in Deutschland. Versteckt liegt es an einer Havelschleife, ein eindrucksvoller Anblick. Mehrere hundert „Nadeln" hat man dicht nebeneinander gesteckt. Durch deren Ziehen lässt sich der Wasserstand sehr genau regulieren. Früher waren die Nadeln aus Holz, heute sind sie aus Aluminium. Über den Wehrbock mit seinem Bediensteg können die Nadeln erreicht und gezogen werden, keine ungefährliche Aufgabe. Der Bau von Wehren wurde notwendig, um den Wasserstand in den parallel verlaufenden Schifffahrtskanälen mit ihren Schleusen konstant zu halten. Der Erfindungsreichtum des Menschen ist ohne Grenzen.

Wieder auf dem Havelradweg komme ich an einem Hochstuhl für Riesen vorbei. Hübsch der oben angebrachte Pfeil zur nahen Wiese mit dem Hinweis: „Ein weites Feld." So ehrt man hier seine Dichter, durch bewusst gesetzte Zitate. „Doch das ist ein weites Feld", ließ Fontane ja bekanntlich gerne sein Alter ego, den Vater der Effi, seufzen. Ich bin nun endgültig in der unteren Havelniederung angekommen und damit im Land Sachsen-Anhalt. Den Bundeslandwechsel erkennt man manchmal an Kleinigkeiten. In diesem Fall sind es die Radlerrastplätze in den Dörfern, die alle nach demselben Muster gestaltet sind, eine schlanke Fachwerkkonstruktion, deren Kopf und mittlere Fächer mit Backsteinen verfüllt sind, so dass man eine Sagengestalt darin zu erblicken glaubt. Vielleicht Frau Harke?

Auf Neuschollene folgt Schollene, was schon eine veritable kleinmittelgroße Ortschaft ist. Auf dem Markt lockt ein fliegender Kleiderhändler. Frische Wäsche hätte ich zwar bitter nötig, doch wie soll ich sie transportieren? Solange ich mich an der frischen Luft aufhalte, wird schon niemand Anstoß nehmen. Im See von Schollene wird ein ganz besonderer Schlamm gefördert, Pelose. Schon früh wussten die Fischer darum und brachten ihren gichtgeplagten Ehefrauen gerne eine Schlammpackung mit nach Hause, in den 1920ern begann der Schollener Arzt Dr. Michaelis die heilsame Wirkung des Schlamms für rheumatische Gelenkserkrankungen systematisch zu erforschen. Heute baut man jährlich 1.500 Tonnen davon ab, um die Kurbäder zu versorgen. Aus 8 m Tiefe gewinnt man den einzigartigen Heilschlamm, den man nur im Schollener See findet. Aufgrund seiner Lage, eingerahmt von kleinen Hügeln, steht er fast still, was die Ablagerung von Sedimenten sehr begünstigt. Vulkanstäube, Blütenstäube, Algen, Amöben und kleine Wimperntierchen sind in den Jahrtausenden seit der letzte Eiszeit auf den Grund gesunken und haben ein dickes Süßwassersediment gebildet, dem man den Namen Pelose gab. Getrockneter Peloseschlamm besteht zu einem Drittel aus Zellplasma, worin seine besondere Heilkraft bestehen soll. Man kann Pelose heiß oder kalt genießen, wer will, auch im Ganzkörperbad, allein oder zu zweit. (Die Ente aber bleibt draußen!)

Manche Orte an der Havel haben sprechende Namen, Schollene ist slawisch und bedeutet „aus dem Knie" was allerdings nicht das Rheumaknie meint, sondern die Lage an der hier knieförmigen Havelschleife. Auch der Name des nächsten Dorfes „spricht" zu uns: Molkenberg heißt so, weil man auf dem Berg Molke verarbeitet hat. Die alte Meierei ist noch zu sehen, selbstverständlich ist auch sie aus rotem Backstein gemauert, genauso wie die Kirche. Verdächtig weiß leuchtet allerdings der westliche Teil des Kirchendachs, und der Malermeister ist auch gleich identifiziert: In Molkenberg verteilt der Storch seine weiße Botschaft höchst gleichmäßig über alle Dächer, Nester, wohin man blickt. Zwei Junge recken hungrig ihre Schnäbel

Die Kirche von Molkenberg mit Storchennest

zur gelandeten Mutter. Oder zum Vater? Wie unterscheidet man Frau Störchin von ihrem Gatten?

Über Rehberg komme ich nach Warnau, wo ich mir die kleine Kirche besehen will. Sie ist verschlossen, vor dem Eingang liegt eine zerbrochene Scherbe, deren lückenhafte Botschaft mich zum Nachdenken bringt. „Nahm mich in sein Himmelreich", meine ich entziffern zu können. Wer hat die Scherbe hier abgelegt? Was mag sie ihm bedeutet haben? Dem Bayern ist Bayern sein Himmelreich, dem Brandenburger seine Mark?

Garz ist ein Dorf, dessen innere Werte man besehen muss, bevor man vorschnell urteilt. Schamhaft gestehe ich, mit spöttischem Blick eine Tafel betrachtet zu haben, auf der sich Garz des ersten Platzes beim vierten Wettbewerb des Kreises Stendal „Unser Dorf soll schöner werden – unser Dorf hat Zukunft" rühmt. Die Tafel ist morsch, der Rahmen zerbrochen, selbst die Spinnweben schon zerrissen. Die Auszeichnung wurde allerdings schon vor vielen Jahren vergeben, was Karl Valentins Spruch zu bestätigen scheint: „Früher war die Zukunft auch besser!" Die Fahrt durch das Dorfzentrum aber lehrt mich, dass zwar das Schild verfallen ist, nicht aber Garz selbst. Eine bemerkenswerte Dorfarchitektur! Um eine achteckige Fachwerkkirche scharen sich im Halbkreis die stattlichsten Häuser wie Schafe um ihren Hirten. Die Dorfkirche stammt aus dem Jahr 1688, im Westen dient ein kleiner Vorbau als Eingang, östlich ist eine Sakristei angebaut. Malereien an der Brüstung zeigen Christus mit den zwölf Aposteln, die Orgel hat man geschickt in die drei westlichen Seiten des Achtecks eingebaut. Garz besitzt noch einen weiteren Vorzug: Hier existiert ebenfalls noch ein Nadelwehr, leicht zu erreichen über einen kurzen Pfad – deswegen übrigens der Verzichtshinweis einige Seiten zuvor! Hier kommen Nadelwehrfans viel bequemer auf ihre Kosten. Ich werde den leisen Verdacht nicht los: Eifersüchtig will jedes Bundesland mit seinem Nadelwehr prunken und gönnt dem Nachbarn das seine nicht. Vor mir biegt ein weiß-blauer Lieferwagen zum kleinen Hafen ab. „Frischer Fisch aus Garz." Ich bekomme Appetit und sehe zu, dass ich weiterkomme.

Nicht mehr weit ist es bis zum heutigen Ziel. Im nächsten Dorf, in Kuhlhausen, finden Vogelbeobachter ihr El Dorado. In den Feuchtwiesen brüten scheue Arten, die man von frisch errichteten Aussichtstürmen bei der Aufzucht ihrer Jungen beobachten kann. Doch nicht nur Vögel kann man von dort besehen. Auf einer der saftigen Wiesen grast eine Herde, von der ich aus der Entfernung nicht sagen kann, ob es Schafe sind, die wie Kühe aussehen, oder ob es Kühe sind, die Schafen ähneln. Vielleicht ist es ja eine völlig neue Rasse, ein Hybrid aus Schaf und Kuh. Wie aber soll man diese neuen Tiere von Kuhlhausen nennen? Kaf? Schuh? Ein Schritt hin zur eierlegenden Wollmilchsau!

Jederitz berichtet stolz, schon in der jüngeren Steinzeit besiedelt worden zu sein, entsprechende Bodenfunde deuten darauf hin. Jederitz könnte jedes Dorf an der Havel heißen, denn der slawische Name bedeutet nichts anderes als „Ort am Wasser". Hübsch sind die vielen alten Kopfweiden, deren Äste sich im Sommerwind biegen. Schon bald hinter Jederitz sehe ich in der Ferne einen Hügel liegen, den Domberg von Havelberg. Mein Drahtesel riecht den Stall und nimmt noch einmal Tempo auf. Eine Viertelstunde später geht's über die Havelbrücke in den Ort hinein.

Havelberg

Havelberg ist zweigeteilt. Es gibt – ähnlich wie in Werder oder Brandenburg – eine Insel, die von Flussarmen umschlossen wird. Der Dom, Havelbergs bedeutendstes Bauwerk, aber steht am nordöstlichen Ufer, wo sich der größere Teil der Stadt befindet. Es ist bereits viertel nach fünf. Ob ich als erstes zum Dom soll? Ein gemütlicher Havelberger aber, der gerade die steile Dombergtreppe herunterkommt, beruhigt mich: Das Gotteshaus sei noch bis sechs geöffnet. Also erstmal Quartier beziehen. In Havelberg ist alles nicht weit auseinander. Als ich in die Einfahrt zu meiner Pension biege, treffe ich überraschend zwei alte Bekannte: Das nette Ehepaar von der Prignitzer Fähre, gerade eingetroffen! Die Wirtin aber deutet bedauernd auf mich, das letzte freie Zimmer sei für mich reserviert. Die beiden drohen mir schelmisch mit dem Finger, der Wirtin aber gelingt es, per Handy ein Ersatzquartier für die beiden zu organisieren. „Man sieht sich!"

Ich beziehe eine Art Maisonette im Hinterhaus der hübschen Pension. Frisch geduscht geht's gleich wieder los, zu Fuß ersteige ich den Domberg und stehe staunend vor einer unglaublich mächtigen Fassade. Das Westwerk des Doms ist wie die Wand einer Festung, himmelhoch und uneinnehmbar. Jedem Feind macht die Mauer klar, hier ist kein Blumentopf zu gewinnen. Eine Festung musste der Kirchenbau auch sein. Gebaut in unsicheren Zeiten, war er mit seinem Brandenburger Partner die erste Bischofskirche in Ostelbien. Östlich der Elbe herrschten ja noch lange die Slawen, da tat man gut daran, seine Kirchen nicht in Leichtbauweise auszuführen.

Winzig wirkt die Pforte mit ihren schlichten, romanischen Rundbögen; neuromanische Bögen muss es korrekterweise heißen, denn das Portal ist in seiner heutigen Form noch einige Jahre jünger als der FC Schalke 04. Das ursprüngliche Portal war noch schlichter, nur eine Pforte, die man im Ernstfall leicht verrammeln konnte. Es führt zum Narthex, der Eingangshalle, über der in sicherer Höhe die Michaelskapelle liegt. Dort konnte man im Falle einer Belagerung weiter Gottesdienste abhalten und den kampfprobten Erzengel um Beistand bitten. Fenster finden sich erst hoch oben, dort, wo die

Der Dom von Havelberg

Feldsteine von einem Backsteingeschoss abgelöst werden. Und auch sie sind keine wirklichen Fenster, sondern nur Schallluken, um den Klang der Glocken aus den Türmen zu lassen, der Rest ist nacktes Mauerwerk. Trotz ihrer rustikalen Bauweise strahlt der sächsische Westriegel, wie ihn Architekturkenner bezeichnen, etwas Feierliches aus. Der Anblick erschlägt einen nicht, auch wenn man unmittelbar davorsteht, im Gegenteil, der Blick wird zum Himmel hinaufgezogen, man fühlt sich erhoben. Respekt vor den Bauleuten! Immerhin stand der Dom, dessen genaue Bauperiode noch datiert werden muss, bereits im 12. Jh. an dieser Stelle, ist also schon fast 1000 Jahre alt.

Er hatte einen Vorläufer, den die Slawen zerstörten, als sie ihre „Reconquista" begangen. Lange musste sich der Havelberger Bischof mit der Titulatur zufriedengeben, residieren konnte er in dem von den Slawen wiedereroberten Land nicht. Erst Bischof Anselm (um 1099–1158) wohnte wieder an der Havel. So wie man Kreuzzüge ins Heilige Land unternahm, unternahm man auch einen nordischen Kreuzzug zur endgültigen Bekehrung der heidnischen Slawen. Der Dom wurde zugleich Klosterkirche; in Havelberg waren es die Prämonstratenser, deren Gründer, Nobert von Xanten, den missionsfreudigen Anselm zum Bischof weihte.

Doch nun hinein in den Dom, bevor man zusperrt. Im seitlichen Cellarbau befindet sich die Touristenpforte. Eine liebenswerte Dame erklärt mir, wie ich durch den Kreuzgang in den Dom gelange. Wie staune ich, plötzlich in einem gotischen Dom zu stehen! Das hatte ich nicht erwartet. Man hat den wuchtigen romanischen Mauern schlanke Blendarkaden vorgesetzt, die das spitzgiebelige Gewölbe tragen. Ursprünglich hatte der Dom eine flache Balkendecke. Dass die Blendarkaden aus Backstein ausgeführt sind, verstärkt den grazilen, leichten Gesamteindruck noch.

Unterhalb einer uralten Triumphkreuzgruppe, die den Gekreuzigten als Überwinder des Todes darstellt, befindet sich der berühmte Lettner. Von ihm ist jedoch nur der obere Teil zu erkennen, der Rest verschwindet hinter dem Bild eines riesigen Schiffes. Vor dem Schiff stehen Havelberger Kinder und proben ein Stück ein, bei dem auch gesungen wird. Ich setze mich in eine Kirchenbank und schaue der Aufführung zu. Schnell stellt sich heraus, dass das Schiff die Arche ist. Eine pfiffige Schwarzhaarige, offensichtlich eine Zeitreisende aus der Moderne, fragt Noah, der gerade die ganze grandiose Rettungsgeschichte erzählt hat, ob er ihr auch eine Arche bauen könne: „Ich meine, nur so, für alle Fälle." Noah aber erklärt, dass jetzt keine Arche mehr notwendig sei. Christus habe alle Sünden auf sich genommen, eine Sintflut sei darum nicht mehr zu erwarten.

Ich hoffe, dass er Recht hat. Gerade um Havelberg herum hat schon manche Sintflut mächtig Schaden angerichtet, erst 2013 war hier Land unter und nur noch der Domberg ragte aus den Fluten. Ein VHS-Kurs „Wie baue ich mir eine Arche?" könnte hier durchaus sinnvoll sein.

Der Lettner ist wirklich eine Wucht. In den meisten Kirchen hat man den Raumteiler, der den Chorraum vom restlichen Mittelschiff

Havelberg – Blick auf Stadt und Fluss ▶

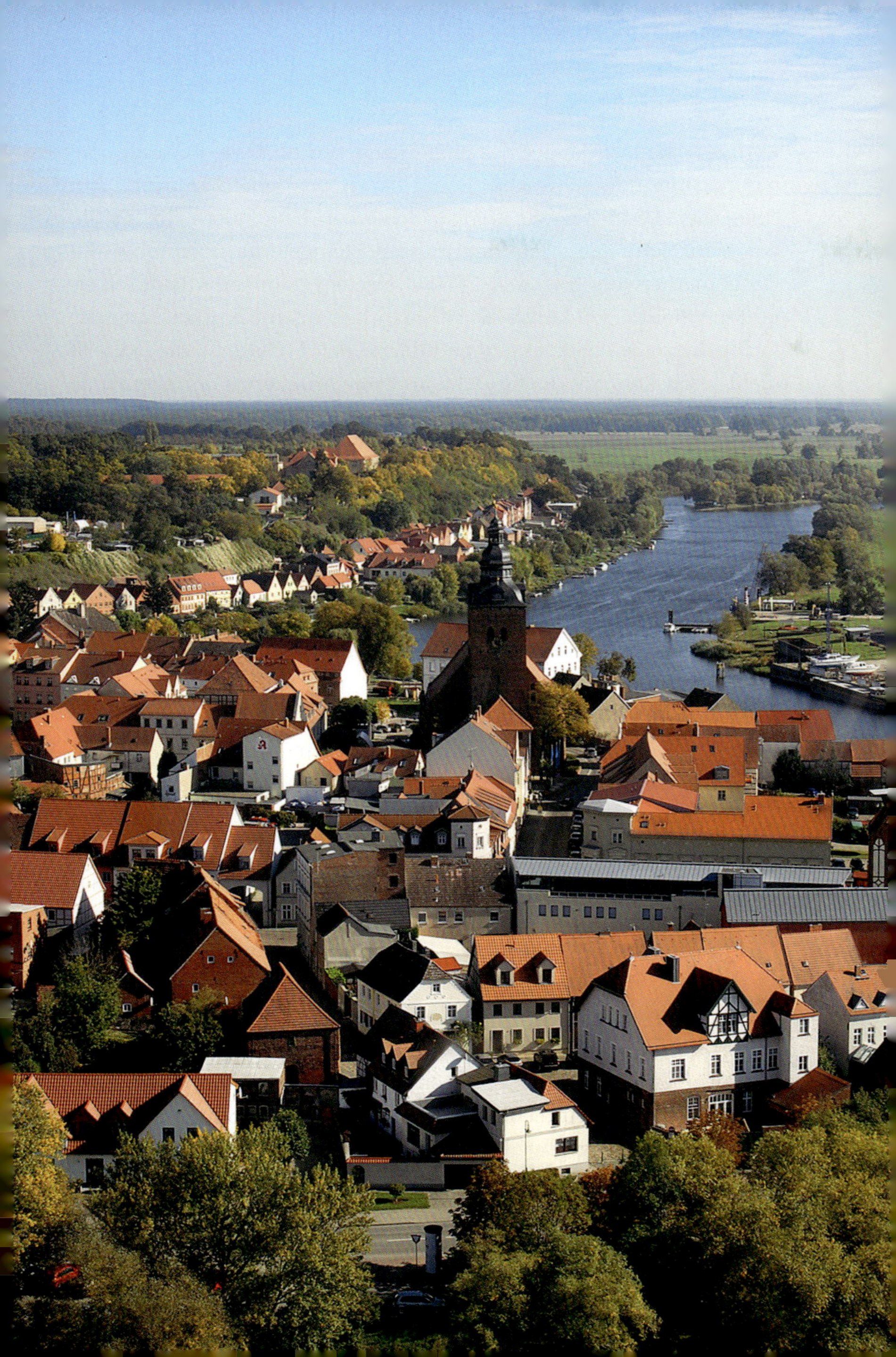

trennte, schon vor langer Zeit eingerissen, nur noch die Kommunionbank erinnert als schwaches Relikt daran. Hier aber kann man den steinernen Lettner noch in voller Schönheit bewundern. Im 14. Jh. hat man Natursteine aus dem Elbsandsteingebirge über Elbe und Havel hierher verschifft und in einer eigenen Dombauhütte durch erfahrene Steinmetze kunstvoll behauen lassen, eine Kurzfassung des Evangeliums in eindrucksvollen Bildern, den Menschen, die ja meist nicht lesen konnten, zur Furcht und zur Erbauung. Ergreifend die Darstellung, wie Jesus ans Kreuz genagelt wird, während Soldaten um sein Gewand würfeln.

Noch manch anderes Kunstwerk aus frühester Zeit findet sich, sympathisch witzig ein Sandsteinleuchter, an dem ein Messdiener und ein Novize ihre Späße treiben. Sympathisch ökumenisch: Im Westflügel des Klosters hat man den Katholiken eine Kapelle errichtet, die man geschichtsbewusst dem hl. Norbert von Xanten weihte. Überall werde ich verleitet, meine Kamera zu zücken, auch wenn ich keinen Erlaubnisschein erworben habe. Schuldbewusst zahle ich am Ausgang.

Nun ist das offizielle Tagesprogramm zu Ende und ich darf den Feierabend genießen. Unmittelbar gegenüber dem Dom findet sich ein Italiener, von dessen Terrasse man einen schönen Blick über die Stadt und weit darüber hinaus hat, in die abendlichen Wiesen von Havel und Elbe. Wo kann man schöner sitzen? Havelberg nennt sich stolz Hansestadt, einst wurde hier nicht nur eifrig Handel getrieben, auch der Bau von seetüchtigen Schiffen ist eine lokale Spezialität gewesen.

Ob es an dem besonderen Ort liegt? Oder an dem Bedürfnis, sich nach einem Tag im Sattel über die Eindrücke auszutauschen? Schnell kommt man hier ins Gespräch. Ein lustiges Geplänkel entwickelt sich zwischen mir, einem Radfahrer-Pärchen und einem ebenfalls radelnden katholischen Pfarrer – dabei habe ich nicht das Gefühl, dass der eine den anderen missionieren will, man scheint nur neugierig zu sein, wie der andere seine Position begründet.

Religionsgespräche im Schatten eines uralten Domes, der schon manchen Disput miterlebt hat, Christen gegen slawische Polytheisten, Protestanten gegen Katholiken, im letzten Jahrhundert Christen gegen Neuheiden. Noch ein Bier gibt es und noch einen Wein, schließlich überfällt uns alle die Müdigkeit. Ein letztes Mal wird angestoßen, dann verabschieden wir uns wie alte Freunde.

Meine Pension liegt direkt an der Havel. Nun spiegelt sich der Mond in ihren Fluten. Fontane haben wir das Gedicht „Havelland" zu verdanken, in dem er beschreibt, was sich sonst noch so alles in „dem norddeutsche Neckar" spiegelt, wie er den Fluss liebevoll nennt.

> Es spiegeln sich in deinem Strome
> Wahrzeichen, Burgen, Schlösser, Dome:
> Der Julius-Turm, den Märchen und Sagen
> Bis Römerzeiten rückwärts tragen,
> Das Schildhorn, wo, bezwungen im Streite,
> Fürst Jazko dem Christengott sich weihte,
> Der Harlunger Berg, des oberste Stelle
> Weitschauend trug unsre erste Kapelle,
> Das Plauer Schloss, wo fröstelnd am Morgen
> Hans Quitzow steckte im Röhricht verborgen,
> Die Pfaueninsel, in deren Dunkel
> Rubinglas glühte Johannes Kunckel,
> Schloss Babelsberg und „Schlösschen Tegel",
> Nymphäen, Schwäne, blinkende Segel, –
> Ob rote Ziegel, ob steinernes Grau,
> Du verklärst es, Havel, in deinem Blau.

Fröhliche Piepmätze begrüßen mich am Morgen. Viele Vögel haben mich entlang der Havelufer begleitet, diese Art aber habe ich bislang noch nicht zu Gesicht bekommen, hübsche Rotschnäbel mit rotbraunen Wangenflecken und Streifen an der Kehle, schwärmen tun sie wie freche Spatzen. „Das sind Zebrafinken", erklärt mir mein Pensionswirt, „früher hatten wir Wellensittiche, eine Katastrophe, haben gestritten von morgens bis abends." Eine leichte Wehmut ergreift mich beim Frühstück. Liegt tatsächlich schon die letzte Etappe vor mir? Weit ist es nicht mehr bis zur Mündung, laut meinem Führer nur noch 20 km. Wobei, welche Mündung ist gemeint? Vielleicht muss man besser von Mündungen sprechen. Die Stelle, an der die

Havel in die Elbe mündet, hat sich nämlich im Laufe der Zeit häufiger verschoben. Die Wirtin versorgt mich auf das Beste, geschlafen habe ich wie ein Murmeltier. Mein Rad durfte in einem eigenen Stall nächtigen und lässt sich willig die Reisesäcke aufladen. Auf geht's!

Auf der Inselstadt will ich noch einen Blick in die Stadtpfarrkirche St. Laurentius werfen, 1340 erstmals urkundlich erwähnt. „Leider geschlossen!", jedoch heißt es, so muss ich auf den sehenswerten gotischen Bücherschrank und die Epitaphien der Havelberger Bürgermeister verzichten.

Schon zu dieser frühen Stunde ziehen duftende Rauchschwaden um die Stadtkirche. Auf dem nahen Markt werden Würste gegrillt und tatsächlich von hungrigen Havelbergern verspeist. Also: Wer gerne heiß und deftig frühstückt, einfach zum Markt radeln. Einige weitere sehenswerte Häuser gibt es in der Altstadt. Eine Tafel bedankt sich bei der Berliner Feuerwehr, die den Stadtbrand 1870 noch rechtzeitig gelöscht hat. Eine Meisterleistung. Im Jahr 1870 im Eiltempo von Berlin nach Havelberg, wie hat man das geschafft? Ein weiteres Schild an der ehemaligen Rossmühle informiert über die Mühlenvielfalt vergangener Jahrhunderte. Für das Domkapitel drehten sich drei Arten von Mühlen: Windmühlen auf den Endmoränen, Wassermühlen auf speziellen Mühlenschiffen und eine von Pferden getriebene Mühle auf der Stadtinsel. Nicht ungeschickt. So konnte man bei jedem Wetter Energie gewinnen, ein brandaktuelles Thema auch heute wieder. Blies der Wind und war genug Wasser in der Havel, hatten die Pferde frei. An einem klirrend kalten, windstillen Januartag aber mussten sie ran, denn dann bedeckte Eis die Havel. Sie waren nicht dumm, unsere Vorfahren.

Ich bin kaum aus der Stadt heraus, da überquere ich wieder einen Arm der Havel. Beim Betrachten der Schleuse aber, über die der Weg führt, gerate ich ins Grübeln. Irgendetwas stimmt doch hier nicht. Ich brauche ein Weilchen, bis ich darauf komme, was mich stört. Natürlich! Das ist es! Warum muss man die Havel hinaufschleusen, um zur Elbe zu gelangen? Die Staustufe müsste doch hinabgehen. Sonst läge die Elbe ja höher als ihr Nebenfluss, die Havel. „Tut sie auch", lacht ein gemütlicher Rentner, der mit seiner Frau herbeigeradelt ist. Er ist viel häufiger noch mit dem Boot unterwegs, kennt hier jeden Wasserkilometer. Die Elbe liege auf diesem Breitengrad tatsächlich höher als die Havel, erst weiter nördlich gleiche sich das Niveau an. Das sei auch der Grund, warum sich Elbhochwasser so verheerend auf die Havel auswirke. Schnell schicke die Elbe ihre Wasser der Havel entgegen, deren Flussrichtung kehre sich um und bald sei Land unter rings um Havelberg. Die Schleuse hier und den Kanal habe man in der 1930ern gebaut, als Teil eines Hochwasserschutzpaketes. Interessant.

Bald geht es wieder auf Deichen dahin, was ich genieße, öffnet sich doch der Blick in alle Himmelsrichtungen. Der Streifen zwischen Elbe und Havel ist wirklich sehenswert: weite Flussschleifen, wassergetränktes Marschland, Weiden, Wäldchen, Vogelschwärme. Und ein unglaublich weiter Himmel, der sich heute allerdings hinter Wolken versteckt. Gelegentlich sogar ein Tröpfchen, aber eher ein fröhlicher Petrusgruß denn eine Reiseerschwernis. Linker Hand liegt die Altmark, sieben stolze Hansestädte hat sie einst gezählt, die sich mit Havelberg zu einem Achterbund verbündeten. Es ging nicht allein darum, sich Vorteile beim Handel zu verschaffen, die Hanse war auch ein politischer Bund, um sich gegen die Willkür der Landesherren zu wehren. Prignitz nennt sich dieses Zweistromland auch, im Schutz von Havelberg entwickelte es sich einst zu einem reichen Kulturland.

Nicht weit entfernt, bei Stendal, steht das Bismarck-Schloss, wo auch der berühmteste Spross dieser alten Adelsfamilie das Licht der Welt erblickte. Kaum ein zweiter hat das Gesicht Deutschlands und Europas im 19. Jh. so geprägt wie der Pate des deutschen Kaiserreiches; ob zum Guten oder zum Schlechten, darüber könnte man lange diskutieren – ein weites Feld.

Die Straße der Romantik nimmt den Havelradweg auf. Plötzlich heißt es wieder „Willkommen im Land Brandenburg", Sachsen-Anhalt will mich schon wieder loswerden. Die Tafel fordert dazu auf, bei einer Düne in Quitzöbel Ameisenlöwen zu beobachten, die dort in ihren Fangtrichtern lauern. Lauernde Ameisenlöwen? Nie gesehen. Das muss ich mir anschauen. Die Binnendüne finde ich ebenfalls, eine durchaus anspruchsvollen, langgezogenen Sandhügel, der sich auch auf einer Nordseeinsel nicht zu verstecken bräuchte. Verstecken aber tun sich die Ameisenlöwen, auch keine Berberlöwen oder Seelöwen in Sicht. Achselzuckend breche ich meine Mini-Safari wieder ab. Wer kann auch ahnen, dass diese Löwen nur 1,5 cm lang sind?

Das Dorf Quitzöbel liegt gleich nebenan. Das alte Runddorf ist einmal die Stammburg der Quitzows gewesen, jenes legendären Räubergeschlechts, das lange Zeit die gesamte Mark Brandenburg terrorisiert hat. Lange her, von Fontane schön beschrieben. Schön auch der blendenverzierte Staffelgiebel der Dorfkirche. Bei Quitzöbel mündete die Havel über Jahrhunderte in die Elbe, heftige Hochwasser aber ließen die Bewohner der umliegenden Dörfer oft verzweifeln. Besonders krass war die Flut im Jahr 1926, fast 30.000 Hektar Wiesen- und Ackerland wurden über Wochen von der Elbe unter Wasser gesetzt, die ganze Ernte vernichtet, so dass man ein mächtiges Projekt beschloss: 1937 begann man damit, die Havelmündung elbabwärts zu verlegen. Der Krieg aber ließ die Bauarbeiten zum Erliegen kommen, danach griff man erneut zum Spaten, errichtete zwischen Havel und Elbe einen 10 km langen Damm und starke Wehre und ließ die Havel bei Gnevsdorf münden. Vom Wehr Quitzöbel schaue ich über die Elbe und sehe eine gewaltige Kirche in der Ferne: Werben. Die Kirche ist einst Sitz des Johanniterordens gewesen.

Wieder treffe ich den rüstigen Rentner, der mir an der Schleuse von Havelberg die Fließumkehr der Havel erklärt hat. Er erzählt mir, dass er direkt nach der Wende von Havelberg nach London geradelt ist. „Nach London? Wo haben Sie übergesetzt?" – „Cuxhaven. Von dort nach Nordengland." – „Wie radelt es sich in England?" – „Katastrophe! Hundert Kilometer auf dem Mittelstreifen einer Autobahn." Seine Frau wird bleich. „Hatte ich dir das noch nicht erzählt?" Seine Frau schüttelt tonlos den Kopf. Unverhofft wurde ein altes Ehegeheimnis gelüftet. „Na, jetzt brauchste dir auch nicht mehr zu fürchten, ist doch schon lange her!" Recht hat er. Wie sagte noch Jean Paul? „Der Furchtsame schrickt vor der Gefahr, der Feige in ihr, der Mutige nach ihr."

Die Mündung der Havel in die Elbe

Ade, du altes Räubernest! Nun geht's so dicht wie selten am Wasser vorbei, mitten auf dem Hochwasserschutzdeich zwischen Elbe und neuer Havel. Gnevsdorfer Vorfluter wird die Havel hier auch genannt, der Begriff ist mir zu wenig poetisch, besonders in dieser schönen Gegend. Wenn man über den Deich rollt, kommt man sich vor wie ein Tiefflieger, der über das Marschland segelt. So ein Deich muss gut gepflegt, die Grasnarbe niedrig gehalten werden. Büsche oder gar Bäume dürfen keine Chance haben, würden sie doch mit ihren Wurzeln die Stabilität gefährden.

Bei einem Wäldchen eine Bushaltestelle. Direkt auf dem Damm! „Haltestelle Natur" steht unter „Lennewitzer Eichen" und „Napoleons Elbfurt". Hier ist er durch, der Korse, der große. Neben der Bushalte hat man einen Hochsitz errichtet, wieder kann man einen Blick über die einzigartige Auenlandschaft werfen. Dann tauchen vor mir die Dächer von Rühstädt auf, ein lustiger Anblick. Man gewinnt den Eindruck, die Häuser habe man nur errichtet, damit die Störche dort nis-

Havel und Elbe vereinigen sich

ten können. Nie zuvor habe ich so viele Storchennester auf solch engem Raum erlebt. Rühstädt scheint Deutschlands Storchenhauptstadt zu sein.

Rühstädt: Die Mündung

Ein Schleusenwerk leitet mich über die Havel, zum letzten Mal auf meiner Reise. Vom Deich aus sehe ich, wie sich hinter einer spitzen Landzunge, auf der ein paar Pferde weiden, die Wasser von Havel und Elbe vereinigen. Die schmalere Havel biegt in die breit und gemächlich daherkommende große Schwester ein. 334 Flusskilometer liegen hinter mir. Ich bin am Ziel – und fast ein wenig wehmütig. Was für wunderbare Landschaften haben mich begleitet! 2004 haben die Naturfreunde Deutschlands der Havel das Prädikat „Flusslandschaft des Jahres" verliehen; die Auszeichnung hat sich die Havel mehr als verdient. Mal See, mal Fluss, ständig ändert sie ihr Erscheinungsbild, nie wird es langweilig an ihren Ufern.

Rühstädt: Die Mündung

Doch noch darf ich der Havel nicht Adieu sagen, noch einmal will ich mich in ihre Wellen wagen. Romantisch ist das Bad in ihrem Quellsee gewesen, nun soll sie mich noch bis zur Mündung tragen. Zwar ist heute kein rechtes Badewetter, aber wat mutt, dat mutt.

Umgezogen bin ich rasch. Dann steige ich vorsichtig in die Fluten, die mich so treu begleitet haben, benetze meinen Körper hastig mit dem kühlen Nass – und werfe mich der Havel in die Arme. Mit ein paar schnellen Zügen erreiche ich die Mitte des Flussbettes. Ob ich probieren sollte, wie das Mündungswasser schmeckt? Wird es so köstlich munden, wie das Quellwasser in Mecklenburg? Schnell nehme ich von dem Gedanken jedoch wieder Abstand, zu viele Städte habe ich auf dem Weg passiert. In kulinarischer Hinsicht ist Quellwasser immer der Vorzug zu geben, selbst wenn das Mündungswasser der Havel sauber wirkt. Es ist weich, gar nicht kalt, duftet nach Gras und Wiesen. Sanft gleite ich, von der Havel getragen, in die Elbe hinein, nur die Pferde schauen mir von der Landzunge aus zu. Ein Gedicht des viel zu früh in den Wassern der Havel ertrunkenen Georg Heym kommt mir in den Sinn, das vielleicht schönste Gedicht über diesen Fluss, eine Träumerei in Hellblau:

> Alle Landschaften haben
> Sich mit Blau erfüllt.
> Alle Büsche und Bäume des Stromes,
> Der weit in den Norden schwillt.
> Leichte Geschwader, Wolken,
> Weiße Segel dicht,
> Die Gestade des Himmels dahinter
> Zergehen in Wind und Licht

Wenn ich jetzt nicht aufpasse, tragen mich die Fluten bis nach Hamburg, vielleicht sogar bis ins Meer. Es sei denn ein barmherziges Mädchen von St. Pauli zieht mich auf die Landungsbrücken, wer weiß …

PRAKTISCHE HINWEISE

Museen und Gedenkstätten
(von der Quelle zur Mündung)

Ankershagen
Heinrich-Schliemann-Museum
Lindenallee 1, 17219 Ankershagen; Tel.: 039921/3252
Öffnungszeiten:
April–Okt: Di–So 10–17 Uhr, Nov–März: Di–Fr 10–16 Uhr, Sa 13–16 Uhr
Eintritt: 4 €
www.schliemann-museum.de

Fürstenberg
Mahn- und Gedenkstätte Ravensbrück
Straße der Nationen, 16798 Fürstenberg/Havel; Tel.: 033093/6080
Öffnungszeiten:
Gedenkstättengelände: Mai–Sept: Di–So 9–20 Uhr, Okt–April: Di–So 9–17 Uhr
Ausstellungen und Besucherzentrum: Mai–Sept: Di–So 9–18 Uhr, Okt–April: Di–So 9–17 Uhr
Sammlungen: Di–Fr 9–16.30 Uhr (Voranmeldung!)
www.ravensbrueck.de

Wesenberg
Burg Wesenberg mit Fangelturm, Heimatstube und Ausstellungen (Fischerei- und Forsten) und Tourist-Information
Burg 1, 17255 Wesenberg, Tel.: 039832/20621
Öffnungszeiten: www.klein-seenplatte.de

Museum für Blechspielzeug und mechanische Musikinstrumente
Burgweg 1, 17255 Wesenberg, Tel: 039832/21305
Öffnungszeiten: www.villa-pusteblume-wesenberg.de

Skulpturenpark Wesenberg „Künstler bei Wu"
Am Weissen See 3, 17255 Wesenberg, Tel.: 039832/262466
Öffnungszeiten: www.sculpture-park-wesenberg.de

Zehdenick
Ziegeleipark Mildenberg
Ziegelei 10, 16792 Zehdenick; Tel.: 03307/310410
Öffnungszeiten:
Ende März–Anfang Nov: 10–17 Uhr
www.ziegeleipark.de

Schiffermuseum auf dem Museumsschiff „Carola"
Schleusenstr. 22, 16792 Zehdenick; Tel.: 03307/2877
www.zehdenick-tourismus.de

Klostergalerie Zehdenick in der Klosterscheune
Am Kloster, 16792 Zehdenick, Tel.: 03307/310777
Öffnungszeiten ganzjährig:
Mi–So und an Feiertagen 13–17 Uhr
www.klosterscheune-zehdenick.de

Ev. Stift Kloster Zehdenick
Im Kloster 2, 16792 Zehdenick; Tel.: 03307/313384
Öffnungszeiten:
Kreuzgang Apr–Sept: täglich 10–18 Uhr, Okt–März 10–17 Uhr
Außenanlage jederzeit zugänglich
stiftsamtfrau@kloster-zehdenick.de
www.reiseland-brandenburg.de

Tourist-Information Zehdenick
Am Markt 11, 16792 Zehdenick; Tel.: 03307/2877, Fax: 0330/420877
touristinfo@havelstadtzehdenick.de
Öffnungszeiten:
Mitte Mai–Mitte Okt.: Mo–Fr. 9–17 Uhr, Mitte Okt–Mitte Mai: Mo–Fr 9–16 Uhr

Liebenwalde
Heimatmuseum im ehemaligen Stadtgefängnis
Marktplatz 20, 16559 Liebenwalde; Tel.: 033054/80555
www.museum-im-knast.de

Touristeninformation mit Café
Havelstraße 1 a, 16559 Liebenwalde, Tel.: 033054/90772
www.liebenwalde.de

Oranienburg
Schloss Oranienburg
Schlossplatz 1, 16515 Oranienburg; Tel.: 03301/537437
Öffnungszeiten: www.spsg.de

Schlosspark Oranienburg
Schlossplatz 1, 16515 Oranienburg; Tel.: 03301/600830
Öffnungszeiten:
Mai–3. Okt: 9–18 Uhr
4. Okt–April: 10–16 Uhr (nicht 24.12 und 31.12)
www.spsg.de

Gedenkstätte und Museum Sachsenhausen
Straße der Nationen 22, 16515 Oranienburg; Tel.: 03301/200200
Öffnungszeiten:
Mitte März–Mitte Okt: Di–So 8.30–18 Uhr
Mitte Okt–Mitte März: Di–So 8.30–16.30 Uhr
www.stiftung-bg.de

Birkenwerder
Museum Clara Zetkin
Summter Straße 4, 6547 Birkenwerder; Tel.: 03303/402709
Öffnungszeiten:
Mo u. Fr 11–16 Uhr, Di–Do 11–18 Uhr
www.berlin.de

Berlin
Zitadelle Spandau
Am Juliusturm 64, 13599 Berlin-Spandau; Tel.: 030/3549440
Öffnungszeiten:
täglich 10–17 Uhr
Eintritt: 4,50 €
www.zitadelle-berlin.de

Stadtgeschichtliches Museum und Galerie im Gotischen Haus
Breite Straße 32, 13597 Berlin; Tel.: 030/3339388
Öffnungszeiten:
1. Okt–31. März: Di–Sa 10–18 Uhr, So 12–18 Uhr (feiertags, 24.12. und 31.12. geschlossen)
1. Apr–30. Sept: Mo–Sa 10–18 Uhr, So 12–18 Uhr (feiertags geschlossen)
www.gotischeshaus.de

Tourist-Information Berlin-Spandau im Gotischen Haus
Breite Straße 32, 13597 Berlin; Tel.: 030/3339388
Öffnungszeiten:
Apr–Sept: Mo–Sa 10–18 Uhr (feiertags geschlossen)
Okt–März: Di–Fr 10–18 Uhr, Sa 10–14 Uhr (feiertags, 24.12. und 31.12. geschlossen)
in der Adventszeit täglich geöffnet
www.visitspandau.de

Max-Liebermann-Villa
Colomierstr. 3, 14109 Berlin; Tel.:030/80585900
Öffnungszeiten:
Apr–Sept: Mi–Mo 10–18 Uhr
Okt–März: Mi–Mo 11–17 Uhr
Eintritt 8 € (ermäßigt 5€)
www.liebermann-villa.de

Haus der Wannsee-Konferenz
Am Großen Wannsee 56–58, 14109 Berlin; Tel: 030/8050010
Öffnungszeiten:
täglich 10–18 Uhr
Eintritt frei
www.ghwk.de

Pfaueninsel
Öffnungszeiten richten sich nach den Abfahrtszeiten der Fähre
www.pfaueninsel.info

Schloss Glienicke
Königstraße 36, 14109 Berlin-Glienicke; Tel.: 030/80586750
Öffnungszeiten:
Apr–Okt: Di–So 10–17.30 Uhr
www.spsg.de

Potsdam
Marmorpalais
Im Neuen Garten 10
ganzjährig geöffnet: www.spsg.de

Schloss Cecilienhof
Im Neuen Garten 11
ganzjährig geöffnet: www.spsg.de

Schloss Sanssouci
Maulbeerallee
ganzjährig geöffnet: www.spsg.de

Park Sanssouci
ganzjährig geöffnet, täglich 8 Uhr bis Einbruch der Dunkelheit

Neues Palais
Am Neuen Palais
ganzjährig geöffnet: www.spsg.de

Belvedere auf dem Pfingstberg
Pfingstberg
ganzjährig geöffnet: www.spsg.de

Alexandrowka
Russische Kolonie 2
Öffnungszeiten: www.alexandrowka.de

Schwielowsee
Einsteinhaus in Caputh
Am Waldrand 17, 14548 Schwielowsee; Tel.: 0331/271780
Öffnungszeiten:
Apr–Okt: Sa, So, Feiertage 10–18 Uhr
(Besichtigung nur mit Führung. Die Führungen beginnen zu jeder vollen Stunde. Gruppen werden um Anmeldung gebeten.)
Eintritt 5 €
www.einsteinsommerhaus.de

Schloss Caputh
Straße der Einheit 2, 14548 Schwielowsee, Tel.: 033209/70345
Öffnungszeiten: www.spsg.de

Brandenburg an der Havel
Archäologisches Landesmuseum
In der ehem. Klosterkirche St. Pauli
Neustädtische Heidestraße 28, 14776 Brandenburg/Havel; Tel.: 03381/4104112
Öffnungszeiten:
Di–So 10–17 Uhr
www.landesmuseum-brandenburg.de

Dom St. Peter und Paul
Burghof 7, 14776 Brandenburg/Havel; Tel.:03381/2112221
www.dom-brandenburg.de

St.-Katharinenkirche
Katharinenkirchplatz 2, 14776 Brandenburg/Havel; Tel.: 03381/521162
Öffnungszeiten:
Mo–Sa 11–15 Uhr, So u. Feiert. 13–16 Uhr
www.stadt-brandenburg.de

St. Gotthardt-Kirche
Gotthardtkirchplatz 8, 14770 Brandenburg/Havel; Tel.: 03381/522062
Öffnungszeiten:
Mai–Aug: 11–17 Uhr
Sep–April: 11.30–16 Uhr
www.gotthardtkirche.de

Slawendorf
Neuendorfer Str. 89c, 14770 Brandenburg/Havel; Tel.: 03381/212466
Öffnungszeiten:
Ende Apr–Anf. Okt, s. www.slawendorf-brandenburg.de

Gedenkstätte für die Opfer der Euthanasie-Morde
Nicolaiplatz 28, 14770 Brandenburg/Havel; Tel.: 03381/7935112
Öffnungszeiten:
Do u. Fr 13–17 Uhr, Sa u. So 10–17 Uhr
www.stiftung-bg.de

Havelsee
Museum Rohrweberei Pritzerbe
Marzahner Chausee 6, 14798 Havelsee; Tel.: 033834/50236
Öffnungszeiten: www.rohrweberei.de

Milower Land
Naturparkzentrum Westhavelland Milow
Stremmestraße 10, 14715 Milower Land; Tel.: 03386/211227
Öffnungszeiten: www.nabu-westhavelland.de

Rathenow
Optikpark Rathenow
Schwedendamm 1, 14712 Rathenow; Tel.: 03385/49850
Öffnungszeiten: www.optikpark-rathenow.de

Havelberg
Dom St. Marien Havelberg mit Prignitzmuseum
Öffnungszeiten: www.havelberg-dom.de

Verantwortliche Tourismusverbände:
Tourismusverband Mecklenburgische Seenplatte e. V.
Turnplatz 2, 17207 Röbel/Müritz, Tel: 039931/5380
www.mecklenburgische-seenplatte.de

Tourismusverband Ruppiner Seenland e. V.
Fischbänkenstraße 8, 16816 Neuruppin, Tel.: 03391/659630
www.ruppiner-reiseland.de

Tourismusverband Havelland e. V.
Theodor-Fontane-Straße 10, 14641 Nauen OT Ribbeck, Tel.: 033237/859030
www.havelland-tourismus.de

aktuelle* Informationen *für Radfahrer:
www.havelradweg.de

Literatur

Anft, Berthold: Friedlieb Ferdinand Runge. Ebering, Berlin, 1937
Authried, Heide et al.: Havel-Radweg. Verlag Esterbauer, Rodingersdorf, 2008–2013
Badia, Gilbert: Clara Zetkin. Dietz Verlag, Berlin, 1994
Botting, Douglas: Alexander von Humboldt. Prestel-Verlag, München, 1974
Clark, Ronald W.: Albert Einstein. Bechtle Verlag, Esslingen, 1974
Dornemann Luise: Clara Zetkin. Dietz Verlag, Berlin, 1989
Dralle, Lothar: Slaven an Havel und Spree. Duncker & Humboldt, Berlin, 1981
Fontane, Theodor: Wanderungen durch die Mark Brandenburg. In: Sämtliche Werke, Wissenschaftliche Buchgesellschaft, Darmstadt, 1967
Geier, Manfred: Die Brüder Humboldt. Rowohlt, Reinbek, 2009
Grothe, Jürgen: Spandau – Stadt an Spree und Havel. Haude & Spener, Berlin, 1971
Hermann, Armin: Einstein. Piper, München, 1994
Kinder, Sebastian u. Porada, Haik Thomas (Hrsg.): Brandenburg an der Havel und Umgebung. Böhlau, Köln, 2006.
Ley, Astrid u. Hinz-Wessels, Annette (Hrsg.): Die Euthanasie-Anstalt Brandenburg an der Havel. Metropol Verlag, Berlin, 2012
Nikiforova, Stella in: Frauenkonzentrationslager Ravensbrück – Kalender 2000. Senatsverwaltung für Arbeit, Berufliche Bildung und Frauen, Berlin, 1999
Partenheimer, Lutz: Albrecht der Bär. Böhlau Verlag, Köln, 2003
Schich, Winfried: Die Havel als Wasserstraße im Mittelalter: Brücken, Dämme, Mühlen, Flutrinnen. Antrittsvorlesung. Humboldt-Universität zu Berlin, 1995
Schliemann, Heinrich: Selbstbiographie. Brockhaus, Wiesbaden, 1891
Schmid, Wolfgang: Das Flussgebiet der Havel (in der Reihe: Hydronymia Germaniae), Franz Steiner Verlag, Stuttgart, 1999
Seger, Gerhart: Oranienburg. Erster authentischer Bericht eines aus dem Konzentrationslager Geflüchteten. Verlagsanstalt Graphia, Karlsbad, 1934
Warnatsch, Stephan: Geschichte des Klosters Lehnin 1180–1542. In: Studien zur Geschichte, Kunst und Kultur der Zisterzienser. Band 12.1. Lukas, Berlin 2000

Danksagung

Vielen Menschen, denen ich an den Ufern der Havel begegnet bin, bin ich Dank schuldig, für ihre Gastfreundschaft, für ihre Offenheit und für manchen guten Hinweis. Namentlich bedanken möchte ich mich bei:

Gerd, Carsten und Bernd
Andreas und Wolfgang
Luise und Malcom
Giovanni
Andrea Gröschl
dem Team der Mecklenburgischen Kleinseenplatte Touristik
Elisabeth Kluge und Grit Kutsch
Uwe Schan
Sven-Uwe Dettmann
Beatrice Kluzikowski
Christin Drühl

Bildnachweis

Alle Bilder stammen vom Autor, bis auf folgende:
Fotolia: 2 (Butch), 8 (ebenart), 17 (holger.l.berlin), 29 (ArTo), 43 (Bernd), 45 (Konrad Weiss), 52 (fotoxo), 70 (spuno), 72/73 (Kalle Kolodziej), 80 (pure-life-pictures), 91 (Meer Sommer), 94 (spuno), 96/97 (powell83), 100 (CeHa), 102 (Sliver), 106 (H M F), 130 (shorty25), 140 (pure-life-pictures), 175 (BirgitMundtOsterw)
Heinrich Schliemann Museum: 15
http://commons.wikimedia.org: 62, 75, 79 (A. Savin, CC BY-SA 3.0), 104 (Bärwinkel, Klaus, CC BY 3.0), 121 (Kenny Easwaran, CC BY-SA 2.0), 159 (Frebeck, CC BY-SA 3.0), 161 (Christian Fischer, CC BY-SA 3.0), 162 (Accipiter, CC BY-SA 3.0), 170 (Feldstein, CC BY-SA 4.0), 181 (Franzfoto, CC BY-SA 3.0)
Norma Neuheiser/Helmholtz-Zentrum für Umweltforschung (UFZ): 182
Pixelio: 27 (Otmar Luttmann), 31 (Rolf Handke), 85 (Mathias Reichelt), 93 (Rainer Sturm), 127 (H. Schröder), 133 (Rolf Handke), 166 (Horst Schröder), 168 (Ingo Büsing), 173 (Christiane Hergl)
SPSG/PMSG Alexandra Schmöger: 109
Stiftung Preußische Schlösser und Gärten: 119
Tourismusverband Havelland e. V.: 148